上海市中高职教育贯通连锁经营管理专业系列教材

智慧商店运营实训

童宏祥　谢丽芳　主编

上海财经大学出版社

图书在版编目(CIP)数据

智慧商店运营实训/童宏祥,谢丽芳主编. —上海:上海财经大学出版社,2018.11

(上海市中高职教育贯通连锁经营管理专业系列教材)

ISBN 978-7-5642-2602-2/F·2602

Ⅰ.①智… Ⅱ.①童…②谢… Ⅲ.①连锁店-商业经营-职业教育-教材 Ⅳ.①F717.6

中国版本图书馆 CIP 数据核字(2017)第 236652 号

□ 责任编辑 刘晓燕
□ 电　　话 021-65903667
□ 电子邮箱 exyliu @ sina. com
□ 封面设计 童宏祥

智慧商店运营实训

童宏祥　谢丽芳　主编

上海财经大学出版社出版发行
(上海市中山北一路 369 号　邮编 200083)
网　　址:http://www. sufep. com
电子邮箱:webmaster @ sufep. com
全国新华书店经销
上海华业装璜印刷厂印刷装订
2018 年 11 月第 1 版　2018 年 11 月第 1 次印刷

710mm×960mm　1/16　12.5 印张　238 千字
定价:29.00 元
(本教材有电子课件,欢迎向责任编辑索取)

系列教材编委会成员

总 序

《国家中长期教育改革和发展规划纲要(2010—2020)》(国务院[2010]12 号)中提出:“到 2020 年,形成适应发展方式转变和经济结构调整要求、体现终身教育理念、中等和高等职业教育协调发展的现代职业教育体系。”《教育部关于推进中等和高等职业教育协调发展的指导意见》(教职成[2011]9 号)中明确指出:“当前职业教育仍然是我国教育事业的薄弱环节,中等和高等职业教育在专业、课程与教材体系,教学与考试评价等方面仍然存在脱节、断层或重复现象,职业教育整体吸引力不强,与加强技能型人才系统培养的要求尚有较大差距。”《上海市中长期教育改革和发展规划纲要(2010—2020)》中提出:“促进中等职业教育与高等职业教育衔接,构建中等职业教育与高等职业教育课程、培养模式和学制贯通的立交桥。”《上海市教育委员会关于继续开展中高职教育贯通培养模式试点工作的通知》(沪教委职[2011]34 号)中提出了中高职教育贯通的要求,“贯通培养试点方案要一体化设计,不分中高职阶段。”《现代职业教育体系建设规划》(2014—2020)中明确指出:“系统构建从中职、专科、本科到专业学位研究生的培养体系,满足各层次技术技能人才的教育需求,服务一线劳动者的职业成长。在确有需要的职业领域,可以实行中职、专科、本科贯通培养。”上海市从 2010 年开始启动了中高职教育贯通培养模式试点工作,旨在通过制定一体化专业课程体系促进中高职教育协同发展。

中高职教育贯通培养模式试点工作的基点是专业。2013 年,上海立达职业技术学院与上海市现代职业技术学校申报了中高职教育贯通连锁经营管理专业,共同编制了专业人才培养方案,制定了一体化连锁经营管理专业课程体系并于当年进行了招生。

教材是课程教学的载体,也是学生学习的基本工具。由于实施了中高职教育贯通专业课程体系,有些课程设置发生了变化,有些课程内容和要求也发生了变化,而现有的教材难以适应这些课程教学目标。为了保证中高职教育贯通连锁经营管理专业人才培养方案的有效实施,上海立达职业技术学院与上海市现代职业技术学校共同制订了中高职教育贯通连锁经营管理专业系列教材建设方案,组建了由上海立达职业技术学院、上海市现代职业技术学校、台湾醒吾科技大学、连锁行业企业的专家、教授所构成的教材编委会，组织《连锁经营管理实务》《店员操作实务》《店长管理实务》《连锁企业财务管理实务》《连锁经营管理法律法规》《连锁企业人力资源管理实务》《连锁企业仓储配送实务》《智慧商店运营实训》《跨境电子商务基础》《跨境电商实务》《跨境电商运营操作》《商业伦理基础》《一带一路诸国经济文化》等课程教材的编写，满足一体化课程的教学需求，确保课程教学目标的实现。

目前，上海市中高职教育贯通培养模式还处于试点工作阶段，至今还没有出台相应的专业教学标准，希望中高职教育贯通连锁经营管理专业系列教材能为上海正在开展的中高职教育贯通工作起到抛砖引玉的作用。鉴于编者的学识、时间和经验等方面的局限，所编写的教材难免有错误或纰漏，恳请同行和专家不吝赐教。同时，中高职教育贯通连锁经营管理专业系列教材建设得到了上海立达职业技术学院、上海市现代职业技术学校、台湾醒吾科技大学、连锁行业企业的领导和专家的关心与支持，在此表示由衷的感谢！

中高职教育贯通连锁经营管理专业系列教材编委会
2017年8月

前　言

“智慧商店运营实训”是中高职教育贯通连锁经营管理专业的一门专业实践课程，是一门具有专业前沿性的实训课程。其前延课程是“连锁门店店员操作实务”“连锁门店店长管理实务”和“网络市场营销”。本书编写的基本理念：以就业为导向，确定课程教学目标；以工作过程为主线，确定实训教材框架结构；以岗位能力为核心，确定实训项目知识技能；以教学对象为目标，确定实训教学组织形式。

“智慧商店运营实训”是上海中高职合作院校一门开创性的课程。本教材结构新颖、自成体系，内容翔实、实用性强，并呈现出四个方面的特色。

一是教材结构对接工作情境。教材从一个学习者的视角，介绍了从公司设立到开业前的基本工作、营业前的工作、营业中的工作、营业后的工作，以业务背景为纽带呈现了智慧商店运营的基本过程。

二是教材内容对接工作内容。教材以智慧商店运营为背景，从组织架构与人员配置、市场定位与经营战略、商品采购与进货作业、出库作业与商品陈列、商品标签与广告制作、导购服务与门店促销、门店购物与收银方式、商品配送与库存管理、门店防损与安全管理、报表编制与经营分析进行了相关技能的培训，突出了“实战”教学理念。

三是课程目标对接工作要求。本教材由相关企业人员参与指导，直接引入了企业运营守则和操作要求，以职业标准为引领。

四是项目结构对接学生认知特点。教材突出了项目驱动、任务引领的职业教育理念，每个实训项目由业务背景、实训目的、实训环境、实训课时、操作指南、实训操作、实训评价、教师评价、拓展训练九个部分所构成，全面培养与评价学生的专业能力和职业素质。

本书由上海立达学院商学院院长童宏祥教授与上海市现代职业技术学校中学高级教师谢丽芳担任主编。编写工作的具体分工如下：上海立达学院教授童宏祥（第一部分实训概述、第三部分智慧商店运营综合实训、智慧商店运营实训大纲），上海立达学院一级人力资源管理师、讲师崔慧华（第二部分实训一），上海立达学院讲师王晓艳（第二部分实训二），上海立达学院商学院实训中心主任徐晶（第二部分实训三），上海市现代职业技术学校中学高级教师谢丽芳（第二部分实训四），上海市现代职业技术学校中学特级教师詹宏（第二部分实训五），台湾成功大学副教授刘建宏（第二部分实训六），康翔科技股份有限公司总经理赖国良（第二部分实训七），台湾醒吾科技大学助理教授王建华（第二部分实训八），上海立达学院实训指导老师卢香竹（第二部分实训九），上海立达学院实训指导老师张云霜（第二部分实训十）。

本书在编写过程中得到了上海立达学院、上海市现代职业技术学校、台湾地区有关院校、电子商务企业的领导的关心与支持，在此一并表示由衷的感谢。由于编者的学识、时间和经验等方面的局限，本书中难免有错误或纰漏，恳请同行和专家不吝赐教。

编　者

2018 年 8 月

目 录

第一部分 实训概述

第二部分 单元实训

第三部分　智慧商店运营综合实训

附　录

第一部分　实训概述

“智慧商店运营实训”是高职连锁经营管理专业基于 O2O 电子商务现代商业模式而设立的一门具有专业前沿性的实训课程，主要培养在零售行业中具有线上与线下门店管理与操作能力的专门人才。

“智慧商店运营实训”的前延课程是“店长管理实务”“网络市场营销”和“连锁门店运营实务”。

一、实训目的

通过“智慧商店运营实训”的实践教学，学生可以了解门店的组织架构及人员配置，熟悉市场定位与经营战略的知识，掌握商品采购与进货作业、出库作业与商品陈列、商品广告与二维码标签、导购服务与门店促销、门店购物与收银支付、商品配送与库存管理、门店防损与安全管理的要求、方法和操作，具备智慧商店运营管理与操作技能。

二、实训内容

“智慧商店运营实训”课程共分成单元实训和综合实训两个模块，具体实训内容如下：

1. 单元实训

实训一　公司设立与组织架构

实训二　市场定位与经营战略

实训三　商品采购与进货作业

实训四　出库作业与商品陈列

实训五　商品广告与二维码标签

实训六　导购服务与门店促销

实训七　门店购物与收银支付

实训八　商品配送与库存管理

实训九　门店防损与安全管理

实训十　报表编制与经营分析

2. 综合实训

综合实训为智慧商店运营综合实训。

三、实施计划

"智慧商店运营实训"课程总时数计 48 课时。每个实训单元、考核的课时数分配以及实训组织形式及过程、考核形式的规定如下：

实训单元	实训内容	参考课时	实训形式及评价
实训一	公司设立与组织架构	3	若干创业团队/业务导入、任务驱动、体验活动、角色扮演、自评互评
实训二	市场定位与经营战略	3	若干创业团队/业务导入、任务驱动、体验活动、角色扮演、自评互评
实训三	商品采购与进货作业	5	若干创业团队/业务导入、任务驱动、体验活动、角色扮演、自评互评
实训四	出库作业与商品陈列	5	若干创业团队/业务导入、任务驱动、体验活动、角色扮演、自评互评
实训五	商品广告与二维码标签	5	若干创业团队/业务导入、任务驱动、体验活动、角色扮演、自评互评
实训六	导购服务与门店促销	3	若干创业团队/业务导入、任务驱动、体验活动、角色扮演、自评互评
实训七	门店购物与收银支付	5	若干创业团队/业务导入、任务驱动、体验活动、角色扮演、自评互评
实训八	商品配送与库存管理	5	若干创业团队/业务导入、任务驱动、体验活动、角色扮演、自评互评
实训九	门店防损与安全管理	3	若干创业团队/业务导入、任务驱动、体验活动、角色扮演、自评互评
实训十	报表编制与经营分析	3	若干创业团队/业务导入、任务驱动、体验活动、角色扮演、自评互评
综合实训	智慧商店运营综合实训	8	若干创业团队/业务导入、任务驱动、角色扮演、自评互评，专项综合实训报告

四、评价方式

"智慧商店运营实训"课程的评价方式与传统的评价内容和评价形式有较大的

区别，将过程评价与结果评价相结合，将指导教师评价与学生评价相结合。评价形式采用百分制，计 100 分。其比例分配：出勤率占全部成绩的 10%，操作准确度占全部成绩的 40%，项目汇报效果占全部成绩的 30%，综合实训占全部成绩的 20%。指导教师可根据不同的实训内容进行微调，尽量能客观地反映学生的综合学习成果。

五、实训条件

“智慧商店运营实训”课程根据不同的实训内容分别在校内智慧型商店实训室、现代网店实训室等场所实施教学。

1. 智慧型商店实训室

智慧型商店实训室配置了人像识别系统、智能型导览购物系统、手持智能型导览购物系统、贴有 Tag 及 QR-Code 的商品样品、销售结账付款系统与设备、进出货及库存管理系统，分成入口区域（见图 1）、购物区域（见图 2）、支付区域（见图 3）、拣货配送区域（见图 4）。

图 1　入口区域

图 2　购物区域

图 3　支付区域

图 4　拣货配送区域

2. 现代网店实训室

现代网店实训室分为商务洽谈室(见图 5)、多媒体摄制室(见图 6)、网络营销室(见图 7),配置了一体打印机、照相机、摄像机、摄制设备、台式计算机,可与供应商洽谈业务,摄制各种商品图片,制作视频商品故事,进行网络销售等。

图 5　商务洽谈室

图 6　多媒体摄制室

图 7　网络营销室

六、参考资料

1. 参考书

《连锁经营管理实务》,童宏祥主编;《店长管理实务》,童宏祥主编;《店员操作实务》,童宏祥主编。

2. 网络资源

中国连锁经营协会 www. ccfa. org. cn;

中国连锁经营实战网 www. flyhorses. com;

连锁之家 http://www. chainus. com. cn;

中国餐饮连锁经营网 www. cylsjy. com. cn;

上海连锁经营协会 www. scea. org. cn。

第二部分　单元实训

实训一　公司设立与组织架构

业务背景

随着信息与移动网络技术的不断发展，推动了商业模式的不断创新，从线下的实体连锁经营发展到线上的B2C商务模式，又从线下线上的实体连锁经营、B2C商务模式发展成为线下线上一体化的O2O，出现了智慧型商店这种现代商业模式。

上海立达便利有限责任公司根据我国有关法律法规进行设立，开设了立达智慧型商店，确定组织架构与人员配置，明确岗位职责及任职资格。

实训目的

通过本单元的实训教学，学生可以了解组织架构设计的基本原则，熟悉组织架构设计的基本要求，明确直线型组织架构的主要作用，掌握人员配置的基本能力。

实训环境

设立上海立达便利有限责任公司，开设智慧型商店，确立直线型公司组织结构，并根据公司的经营状况，设总经理兼营运部经理1名，店长兼会计1名，值班经理兼物流部经理 1 名，收银员兼出纳员 1 名，导购员、理货员、配送员、采购员各 1 名。

实训课时

本单元实训课时为 3 学时。

操作指南

根据我国《公司法》和《公司登记管理条例》的有关规定，设立上海立达便利有限责任公司，应依法办理公司登记，领取《企业法人营业执照》。智慧型便利有限责任公司的组织结构是指企业全体员工为实现企业目标而进行分工协作，在职务范围、责任、权力方面所形成的结构体系，展示组织内的等级与权力、角色与职责、功能与关系。

一、智慧型便利有限责任公司设立

1. 办理工商登记

(1)公司经营范围

智慧型便利有限责任公司的经营范围包括许可经营与一般经营。

(2)申请企业名称的预先核准

申请企业到上海工商局领取一张“企业(字号)名称预先核准申请表”，填写拟定公司名称，在上海工商局网上检索是否有重名，如果没有重名，就可以使用这个名称，工商局会核发一张“企业(字号)名称预先核准通知书”。

企业申请名称预先核准，应提交有限责任公司的全体股东或者股份有限公司的全体发起人签署的公司名称预先核准申请书，全体股东或者发起人指定代表或者共同委托代理人的证明，原国家工商行政管理总局规定要求提交的其他文件。

(3)签订房屋租赁合同

如果申请企业有自己的经营场所，就不需要租房了。如果没有经营场所，就需要租房，让房东提供房产证复印件、产权人身份证复印件，并签订租房合同，还要到税务局缴纳印花税，按年租金的千分之一的税率购买印花税票，贴在房租合同的首页。

(4)制定公司章程

申请企业到上海工商局网站下载“公司章程”的样本，根据要求和实际情况制定章程，并由所有股东签名。

(5)申领营业执照

申请企业到工商局领取公司设立登记的各种表格，包括设立登记申请表、股东(发起人)名单、董事经理监理情况、法人代表登记表、指定代表或委托代理人登记表，填好后，连同企业名称预先核准通知书、公司章程、租赁合同、房产证复印件一起交给工商局。工商局自收到申请文件和材料之日起5日内做出是否受理的决定，对申请文件等材料核准无误后，按其注册资本总额的0.8‰收取设立登记费，并颁发企业法人营业执照。然后，凭企业法人营业执照刻制公司印章、财务专用章和法人代表印章。

2. 申办组织机构代码证

申请企业领取《企业法人营业执照》后，凭其到质量技术监督局申办组织机构代码证，费用是120元，3个工作日后可领取组织机构代码证。

3. 办理税务登记

申请企业领取了组织机构代码证后，就可以到当地主管税务机关或指定税务登记办理处办理税务登记手续，领取税务登记证，通常需要办理国税和地税两种税务登记证。同时，向税务部门申请领购商业零售发票。如果要开增值税专业发票，还需申请一般纳税人资格，购买税控设备后方可开具。

4. 开办银行基本账户

申请企业凭企业法人营业执照、组织机构代码证和税务登记证，并携带身份证、公司章、财务专用章、法人章、股东身份证原件等去银行开立基本账户。银行在收取费用后为公司设立账户，预留公司章印、财务专用章印、法人章印。

二、组织架构设计

1. 组织架构设计的基本原则

(1)统一原则

组织架构机制要与企业经营目标相一致，采取直线领导，上下级线条明晰、责任明确，部门与岗位工作任务粗细适当，人员配备相适应。

(2)责任原则

组织架构功能要与管理权限相匹配，管理范围要与职权相对称，权利与责任要相一致。如果有职无权或权限不当，就无法履行其职；如果有权无责，就会滥用权力，缺乏约束。

(3)效率原则

组织架构层次要与企业规模相对应，职能部门和岗位的设置要合理高效，层次太多会导致沟通不畅，层次太少影响管理力度。

2. 组织架构设计的基本要求

(1)目标任务到位

按照连锁经营企业战略目标,建立合理的组织架构,明确管理层次,界定管理部门职责。

(2)工作任务落实

按照具体工作目标和工作任务,围绕连锁经营企业的运营过程确定职能部门的工作职能。

(3)组织脉络互通

连锁经营企业组织系统是一个相互依存、互为作用的有机架构。上下级部门线条清晰,职责明确;横向部门职能界定清楚,部门之间关系协同合理;管理机构运行顺畅,工作效率显著。

3. 直线型组织结构

直线型组织结构(见图1—1)是最简单的组织结构形式,职权是从高层垂直向下,经过若干个管理层到达最低层,下级对上级负责,无横向联系,最高领导集权于一身。其主要优点是统一指挥,集中管理,权限清晰,职责分明,机构简洁,高效简便。主要缺点是缺乏横向协调,容易顾此失彼。其适用于门店数量不多、门店面积不大、经营商品较少、经营区域集中的小型连锁经营企业,通常处于创业期。

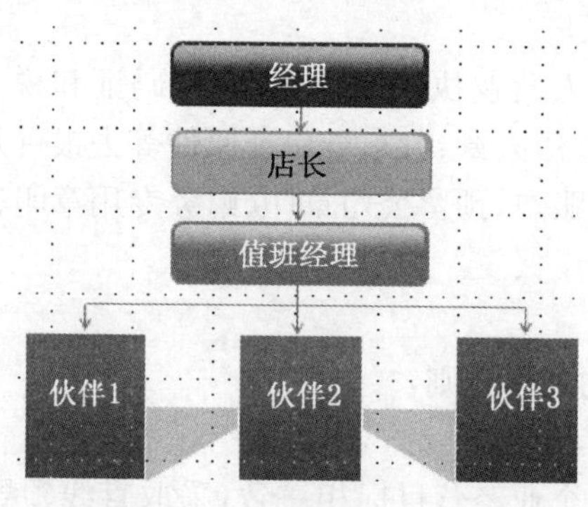

图1—1　直线型组织结构

三、主要岗位职责

1. 店长岗位职责与任职资格

表 1—1　　店长岗位职责及任职资格

<table>
<tr><td>所属部门</td><td>营运部</td><td>直属上级</td><td>经理</td></tr>
<tr><td colspan="4">岗位职责：
(1)负责门店经营管理，制定年度销售计划。
(2)负责门店员工配置和员工的管理，包括对员工业绩考核、技能培训等。
(3)负责门店商品销售管理，制定促销计划，增强门店服务的特色及质量。
(4)负责门店收银管理，对收银员的收银作业进行全程管理与监督。
(5)负责门店服务管理，监督员工服务，包括送货、退货、处理投诉等情况。
(6)负责门店货品管理，制订门店库存货品的存储规划，严格控制货品流失和破损。
(7)负责门店财务管理，审核门店预算和支出，做好报表管理和数据统计分析。</td></tr>
<tr><td colspan="4">任职资格：
(1)学历要求
店长必须是获得高职以上学历的学生或人员。
(2)素质要求
店长必须具有较强的岗位职责意识，能信守诺言，有较好的团队合作能力，身体健康。
(3)能力要求
店长能根据门店的外部市场环境和内部人员情况进行预测，进而拟订经营管理计划；能根据门店经营管理计划的要求，优化组织结构，配备有关人员；熟悉每个工作环节，掌握门店各工作岗位的知识与技能。
(4)岗前培训
店长在上岗前必须接受本公司的岗前培训，达到相应的能力要求。</td></tr>
</table>

2. 值班经理岗位职责与任职资格

表 1—2　　值班经理岗位职责及任职资格

<table>
<tr><td>所属部门</td><td>营运部</td><td>直属上级</td><td>店长</td></tr>
<tr><td colspan="4">岗位职责：
(1)店长休假或不在期间，协助店长主持门店工作，负责店内事务管理；
(2)协助店长对门店销售与服务进行管理，提升销售业绩；
(3)协助店长检查门店运营，处理异常情况；
(4)协助店长检查员工的操作规范，提高工作效率；
(5)协助店长与政府职能部门的沟通，保证正常运营；
(6)协助店长做好消防安全，及时处理各项突发事件。</td></tr>
<tr><td colspan="4">任职资格：
(1)学历要求
值班经理必须是获得高职以上学历的学生或人员。
(2)素质要求
值班经理必须具有较强的岗位职责意识，能信守诺言，有较好的团队合作能力，身体健康。
(3)能力要求
值班经理能协助店长对门店进行经营管理，熟悉每个工作环节，掌握门店工作岗位的知识技能。
(4)岗前培训
值班经理在上岗前必须接受本公司的岗前培训，达到相应的能力要求。</td></tr>
</table>

3. 导购员岗位职责及任职资格

表 1—3　　导购员岗位职责及任职资格

所属部门	营运部	直属上级	店长
岗位职责： (1)遵守公司与门店有关的各项规章制度。 (2)注重个人仪表,保持良好的工作状态。 (3)搞好门店的环境卫生,使陈列设备和商品保持整洁。 (4)保持优雅的站姿,微笑迎客,礼貌问候,热情解答顾客询问。 (5)为顾客热情服务,帮助顾客做好正确的购物选择。 (6)开展市场调研,进行门店商品促销活动。 (7)陈列或补充商品,清理损耗及不良商品。			
任职资格： (1)学历要求 导购员必须是获得高中、中职以上学历的学生或人员。 (2)素质要求 导购员必须具有一定的责任心,道德品质良好,有较好的团队合作能力,身体健康。 (3)岗前培训 导购员在上岗前必须接受本公司的岗前培训,达到相应的技能要求。			

4. 收银员岗位职责及任职资格

表 1—4　　收银员岗位职责及任职资格

所属部门	营运部	直属上级	店长
岗位职责： (1)遵守公司与门店有关的各项规章制度。 (2)具备收银业务操作能力。 (3)具备各种收银设备的操作技能。 (4)能制作基本报表。 (5)确保现金的安全。			
任职资格： (1)学历要求 收银员必须是获得高中、中职以上学历的学生或人员。 (2)素质要求 收银员必须具有一定的责任心,道德品质良好,有较好的团队合作能力,身体健康。 (3)岗前培训 收银员在上岗前必须接受本公司的岗前培训,达到相应的技能要求。			

5. 理货员岗位职责及任职资格

表 1－5　　理货员岗位职责及任职资格

所属部门	营运部	直属上级	店长
岗位职责： (1)正确穿着指定的工作服装，并保持干净整洁。 (2)保持责任区的环境卫生和货架、货柜的整洁。 (3)掌握责任区所陈列的商品名称、用途、使用范围、保质期、价格和供应商等信息。 (4)掌握公司规定的标价的方法，准确、及时、完整地标注商品价格。 (5)掌握商品陈列的原则和方法，随时整理货架上陈列的商品，及时清除超过保质期、变质、残损的商品，并保持排面的整齐和美观。 (6)热情地为顾客解答问题，介绍或推荐商品。 (7)做好责任区的陈列商品、陈列设备及附件、购物通道的清洁工作。 (8)掌握责任区的商品销售动态、库存结构及数量等情况，避免商品脱销或积压。 (9)服从门店管理人员的其他工作安排。			
任职资格： (1)学历要求 理货员必须是获得高中、中职以上学历的学生或人员。 (2)素质要求 理货员必须具有一定的责任心，道德品质良好，有较好的团队合作能力，身体健康。 (3)岗前培训 理货员在上岗前必须接受本公司的岗前培训，达到相应的技能要求。			

6. 防损员岗位职责及任职资格

表 1－6　　防损员岗位职责及任职资格

所属部门	营运部	直属上级	店长
岗位职责： (1)穿着指定的工作制服，正确戴帽、佩证，保持良好的仪容仪表。 (2)按规定使用对讲机和电警棍，不准在岗位上摆弄器械。 (3)负责门店的环境卫生工作，清扫责任区域的场地与通道，保持环境的整洁。 (4)加强特殊区域、重点商品的巡查和保护，以减少损失。 (5)负责卖场内安全保卫工作，监督进出店人员和商品，对违法犯罪行为进行制止、报警。 (6)检查顾客收银条时，要礼貌用语，语气柔和，如涉及诚信问题，做好相应记录，并报主管处理。 (7)服从门店管理人员的其他工作安排。			
任职资格： (1)学历要求 防损员必须是获得高中、中职以上学历的学生或人员。 (2)素质要求 防损员必须具有一定的责任心，道德品质良好，有较好的团队合作能力，身体健康。 (3)岗前培训 防损员在上岗前必须接受本公司的岗前培训，达到相应的技能要求。			

7. 配送员岗位职责及任职资格

表 1—7　　配送员岗位职责及任职资格

所属部门	物流部	直属上级	值班经理
岗位职责： (1)正确穿着指定的工作服装，并保持干净整洁。 (2)保持责任区的环境卫生和货架、货柜的整洁。 (3)负责按送货单所列商品的名称、规格、数量对客户进行送货。 (4)商品送达指定地点后，认真做好交付工作，履行各项服务工作。 (5)对送货的商品和退回的商品数量与质量负责。 (6)完成上级领导交办的其他工作。			
任职资格： (1)学历要求 配送员必须是获得高中、中职以上学历的学生或人员。 (2)素质要求 配送员必须具有一定的责任心，道德品质良好，有较好的团队合作能力，身体健康。 (3)岗前培训 配送员在上岗前必须接受本公司的岗前培训，达到相应的技能要求。			

8. 采购员岗位职责及任职资格

表 1—8　　采购员岗位职责及任职资格

所属部门	物流部	直属上级	值班经理
岗位职责： (1)正确穿着指定的工作服装，并保持干净整洁。 (2)根据门店需求，结合采购申请制订采购计划并组织实施。 (3)调研商品市场，选择合格的供应商。 (4)对供应商进行考核与评审等管理工作。 (5)协助门店处理在经营管理中发生的产品质量纠纷。 (6)完成上级领导交办的其他工作。			
任职资格： (1)学历要求 采购员必须是获得高中、中职以上学历的学生或人员。 (2)素质要求 采购员必须具有一定的责任心，道德品质良好，有较好的团队合作能力，身体健康。 (3)岗前培训 采购员在上岗前必须接受本公司的岗前培训，达到相应的技能要求。			

实训操作

一、活动背景

上海立达便利有限责任公司依法设立，公司人员编制为10人，门店数只有一家。公司董事会根据连锁经营企业组织结构设计的基本原则和要求确定该公司的组织结构。

二、实训资料

1. 上海立达便利有限责任公司设立

设立公司登记相关资料如下：

申请企业名称：上海立达便利有限责任公司

备选企业名称：上海便利有限责任公司、上海便民有限责任公司

拟从事的经营范围：百货、日用杂品、食品、服装、工艺品等网络、实体零售商品

注册资本(金)：80万元

企业类型：有限责任公司

企业住所(地址)：上海市松江区车亭公路1788号(邮编201609)

投资人姓名、证照号码：夏青 310106199408232816

王闽 310106199405212816

投资额、投资比例：夏青56万元，70%；王闽24万元，30%

电 话：021－58123455；传真：021－58123459

法人代表：夏青(手机13917933388)

许可经营项目：食品零售

一般经营项目：百货、日用杂品、食品、服装、工艺品等网络、实体零售商品

职工人数：10人

纳税人识别号：NS0998766

核算方式：独立核算

从业人数：10人

单位性质：民办非企业单位

网址：WWW. SANWANG1. COM

适用会计制度：企业会计制度

财务负责人：王闽 电话58332221 手机13917933381

邮箱 SW@sohu. com

办税人：王鑫　电话 58332221　手机 13917933382　邮箱 SW@sohu.com

2. 董事会决定确立直线型公司组织结构

上海立达便利有限责任公司设总经理兼营运部经理 1 名，店长兼会计 1 名，值班经理兼物流部经理 1 名，收银员兼出纳员 2 名，导购员、理货员、防损员、配送员、采购员各 1 名。

三、实训要求

1. 设立公司

请根据班级学生数分成若干创业团队，办理公司设立手续。

(1)上海立达便利有限责任公司名称预先核准

根据上述资料，由创业团队共同填写公司名称预先核准申请书(见表 1－9)，并向松江区工商行政管理局登记部门提交。

表 1－9　　**企业名称预先核准申请书**

<table>
<tr><td colspan="2">申请企业名称</td><td colspan="2"></td></tr>
<tr><td colspan="4">备选企业名称</td></tr>
<tr><td>1</td><td colspan="3"></td></tr>
<tr><td>2</td><td colspan="3"></td></tr>
<tr><td>3</td><td colspan="3"></td></tr>
<tr><td colspan="4">拟从事的经营范围(只需要填写与企业名称中的行业表述一致的主要业务项目)</td></tr>
<tr><td colspan="2">注册资本(金)</td><td>万元</td><td>(法人企业必须填写)</td></tr>
<tr><td colspan="2">企业类型</td><td colspan="2">□公司制　□非公司制　□个人独资　□合伙</td></tr>
<tr><td colspan="2">企业住所(地址)</td><td colspan="2"></td></tr>
<tr><td colspan="4">投资人姓名或名称、证照号码、投资额和投资比(签字盖章)

年　月　日</td></tr>
</table>

(2)上海立达便利有限责任公司提交公司设立登记申请书

表 1—10 **公司设立登记申请书**

<table>
<tr><td>名　称</td><td colspan="3"></td></tr>
<tr><td>名称预先核准通知书文号</td><td></td><td></td><td></td></tr>
<tr><td>住所</td><td></td><td></td><td></td></tr>
<tr><td>法定代表人姓名</td><td></td><td></td><td></td></tr>
<tr><td>注册资本</td><td></td><td></td><td></td></tr>
<tr><td>实收资本</td><td></td><td></td><td></td></tr>
<tr><td>经营范围</td><td colspan="3">许可经营项目：

一般经营项目：</td></tr>
<tr><td>营业期限</td><td>长期/________年</td><td>申请副本数量</td><td>个</td></tr>
<tr><td colspan="4">本公司依照《公司法》《公司登记管理条例》设立，提交材料真实有效。谨此对真实性承担责任。

法定代表人签字：
年　　月　　日</td></tr>
</table>

(3)上海立达便利有限责任公司填写税务登记表

表 1—11 **税务登记表**

<table>
<tr><td>纳税人名称</td><td colspan="3"></td><td colspan="3">纳税人识别号</td><td colspan="2"></td></tr>
<tr><td>登记注册类型</td><td colspan="3"></td><td colspan="3">批准设立机构</td><td colspan="2"></td></tr>
<tr><td>组织机构代码</td><td colspan="3"></td><td colspan="3">批准设立证明或文件号</td><td colspan="2"></td></tr>
<tr><td>开业(设立)日期</td><td></td><td>生产经营期限</td><td></td><td>证照名称</td><td></td><td>证照号码</td><td></td></tr>
<tr><td rowspan="2">注册地址</td><td colspan="7">区</td></tr>
<tr><td colspan="2">行政区域码</td><td></td><td>邮政编码</td><td></td><td>联系电话</td><td></td></tr>
<tr><td rowspan="2">生产经营地址</td><td colspan="7">区</td></tr>
<tr><td colspan="2">行政区域码</td><td></td><td>邮政编码</td><td></td><td>联系电话</td><td></td></tr>
<tr><td>核算方式</td><td colspan="4">请选择对应项目打“√”
□独立核算　□非独立核算</td><td>从业人数</td><td colspan="2">______　其中外籍人数______</td></tr>
<tr><td>单位性质</td><td colspan="7">请选择对应项目打“√”
□企业　□事业单位　□社会团体　□民办非企业单位　□其他</td></tr>
</table>

续表

<table>
<tr><td>网址</td><td colspan="4"></td><td colspan="2">国标行业</td><td colspan="2">□□ □□ □□ □□</td></tr>
<tr><td>适用会计制度</td><td colspan="8">请选择对应项目打“√”
□企业会计制度 □小企业会计制度 □金融会计制度 □行政事业单位会计制度</td></tr>
<tr><td colspan="4">经营范围</td><td colspan="5">请将法定代表人(负责人)身份证件复印件粘贴在此处</td></tr>
<tr><td rowspan="2">项目 / 内容 / 联系人</td><td rowspan="2">姓 名</td><td colspan="2">身份证件</td><td rowspan="2">固定电话</td><td rowspan="2">移动电话</td><td rowspan="2" colspan="3">电子邮箱</td></tr>
<tr><td>种类</td><td>号 码</td></tr>
<tr><td>法定代表人(负责人)</td><td></td><td></td><td></td><td></td><td></td><td colspan="3"></td></tr>
<tr><td>财务负责人</td><td></td><td></td><td></td><td></td><td></td><td colspan="3"></td></tr>
<tr><td>办税人</td><td></td><td></td><td></td><td></td><td></td><td colspan="3"></td></tr>
<tr><td colspan="2">税务代理人名称</td><td colspan="3">纳税人识别号</td><td>联系电话</td><td colspan="3">电子邮箱</td></tr>
<tr><td colspan="2"></td><td colspan="3"></td><td></td><td colspan="3"></td></tr>
<tr><td colspan="2">注册资本</td><td colspan="4">金 额</td><td colspan="3">币 种</td></tr>
<tr><td colspan="2"></td><td colspan="4"></td><td colspan="3">人民币</td></tr>
<tr><td colspan="2">投资总额</td><td colspan="4">金 额</td><td colspan="3">币 种</td></tr>
<tr><td colspan="2"></td><td colspan="4"></td><td colspan="3">人民币</td></tr>
<tr><td>投资方名称</td><td>投资方证件号</td><td>证件种类</td><td>金 额</td><td>币 种</td><td>投资比例</td><td>投资方经济性质</td><td colspan="2">国籍或地址</td></tr>
<tr><td></td><td></td><td></td><td></td><td></td><td></td><td></td><td colspan="2"></td></tr>
<tr><td>自然人投资比例</td><td></td><td colspan="2">外资投资比例</td><td></td><td colspan="2">国有投资比例</td><td colspan="2"></td></tr>
<tr><td>分支机构名称</td><td colspan="4">注 册 地 址</td><td colspan="4">纳税人识别号</td></tr>
<tr><td></td><td colspan="4"></td><td colspan="4"></td></tr>
<tr><td>总机构名称</td><td colspan="2"></td><td colspan="2">纳税人识别号</td><td colspan="4"></td></tr>
<tr><td>注册地址</td><td colspan="2"></td><td colspan="2">经营范围</td><td colspan="4"></td></tr>
<tr><td>法定代表人名称</td><td></td><td>联系电话</td><td colspan="2"></td><td colspan="3">注册地址邮政编码</td><td></td></tr>
<tr><td rowspan="2">代扣代缴、代收代缴税款业务情况</td><td colspan="4">代扣代缴、代收代缴税款业务内容</td><td colspan="4">代扣代缴、代收代缴税种</td></tr>
<tr><td colspan="4"></td><td colspan="4"></td></tr>
<tr><td colspan="9">附报资料:</td></tr>
<tr><td colspan="3">经办人签章:

____年__月__日</td><td colspan="3">法定代表人(负责人)签章:

____年__月__日</td><td colspan="3">纳税人公章:

____年__月__日</td></tr>
</table>

以下由税务机关填写：

<table>
<tr><td>纳税人所处街乡</td><td colspan="3"></td><td colspan="2">隶属关系</td></tr>
<tr><td>国税主管税务局</td><td></td><td>国税主管税务所(科)</td><td></td><td rowspan="2">是否属于国税、地税共管户</td><td></td></tr>
<tr><td>地税主管税务局</td><td></td><td>地税主管税务所(科)</td><td></td><td></td></tr>
<tr><td colspan="2">经办人(签章)：
国税经办人：________
地税经办人：________
受理日期：
______年____月____日</td><td colspan="2">国家税务登记机关
(税务登记专用章)：
核准日期：
______年____月____日
国税主管税务机关：</td><td colspan="2">地方税务登记机关
(税务登记专用章)：
核准日期：
______年____月____日
地税主管税务机关：</td></tr>
<tr><td colspan="6">国税核发《税务登记证副本》数量：　　本　　发证日期：______年____月____日</td></tr>
<tr><td colspan="6">地税核发《税务登记证副本》数量：　　本　　发证日期：______年____月____日</td></tr>
</table>

国家税务总局监制

2. 确定公司组织架构

各创业团队根据本公司设立的岗位及成员制定岗位职责与任职资格，并请每位店长采用 PPT 形式就组织架构进行汇报。

实训评价

请每一家门店伙伴，根据体验活动和 PPT 汇报的情况进行自我测评，填写下列团队活动测评表。

团队活动测评表

测评内容	评判标准/分值	总分	自评分
体验活动情况	公司设立/ 正确/ 25 分	25	
	公司设立/ 一般/ 10 分		
	公司设立/ 有错/ 5 分		
	岗位设置/ 合理/ 25 分	25	
	岗位设置/ 一般/ 10 分		
	岗位设置/ 不合理/ 5 分		

续表

测评内容	评判标准/分值	总分	自评分
PPT 专题汇报	PPT 设计制作/ 好/ 15 分	15	
	PPT 设计制作/ 一般/ 10 分		
	PPT 设计制作/ 较差/ 5 分		
	语言表达/ 好/ 15 分	15	
	语言表达/ 一般/ 10 分		
	语言表达/ 较差/ 5 分		
合作完成质量	达到目标/ 好/ 10 分	10	
	达到目标/ 一般/ 6 分		
	达到目标/ 较差/ 2 分		
团队协作精神	协作精神/ 好/ 10 分	10	
	协作精神/ 一般/ 6 分		
	协作精神/ 较差/ 2 分		
计 分			

指导教师评价表

评价项目	评价内容	评价意见
体验活动	公司设立;组织架构设计;岗位设置;岗位职责描述;团队协作精神;合作完成质量	
PPT 专题汇报	PPT 设计;PPT 制作;文字描述;语言表达;总结	

拓展训练

一、活动背景

连锁经营管理专业大三的 10 位学生在国家提出的"大众创业"精神鼓舞下,在学校和家长资金的支持下,在连锁企业专家的帮助下,决定创建两家智慧型便利有限责任公司。

二、实训资料

1. 创业学生团队A智慧型便利有限责任公司，讨论公司组织结构、公司章程。
2. 创业学生团队B智慧型便利有限责任公司，讨论公司组织结构、公司章程。

三、实训要求

根据公司的经营目标等情况，确定公司的组织结构以及部门与岗位，并由各公司代表进行PPT汇报。每个公司代表汇报后，由师生互评，共同评价。

汇报内容的具体要求如下：

1. 公司组织结构是什么，为什么？
2. 公司的部门、岗位、人员如何布局，为什么？

实训二　市场定位与经营战略

业务背景

连锁门店市场定位是指门店根据竞争者在市场上所处的位置，针对顾客的需求，塑造与众不同的服务特色并形象生动地传递给顾客，从而在市场上确定适当的位置。

上海立达便利有限责任公司智慧型商店设立后，要开展市场调研，确定市场定位，为有效开展门店经营提供方向。

实训目的

通过本单元的实训教学，学生可以了解连锁门店市场定位的步骤，熟悉连锁门店经营战略的主要内容，明确市场定位的主要作用，掌握市场定位的基本方法。

实训环境

上海立达便利有限责任公司智慧型商店是设在上海立达学院商贸与旅游学院教学楼内的。服务对象：学生约 6000 人，老师约 300 人，职工约 150 人。竞争对象：全家超市门店 1 家，在 1 号食堂；教育超市门店 1 家，在 2 号食堂。

实训课时

本单元实训课时为 3 学时。

操作指南

一、连锁门店市场定位的步骤

1. 确定自身潜在的竞争优势

连锁门店可以从以下三个方面进行分析：一是目标市场上的竞争者主要有哪些，做什么，做得如何；二是目标市场上的消费者需要什么，满足程度如何；三是本店能做什么，优势如何。

2．选择相对竞争优势

连锁门店选择相对竞争优势有三个方面的视角：一是本店能超越竞争者的优势有哪些，二是本店具备超越竞争者的优势潜力是什么，三是本店通过努力能超越竞争者的优势会有哪些方面。

3．确定市场定位

连锁门店可以通过以下三个途径明确市场定位：一是本店经营的产品要在目标消费群中独占鳌头，二是本店服务要在目标消费群中独占鳌头，三是本店的形象要在目标消费群中独占鳌头。

二、连锁门店经营战略

经营战略是企业决策者为实现经营目标，对社会各种现状进行一系列的综合分析而确定的，主要有运营战略、发展战略、竞争战略等。

1．运营战略

运营战略是指连锁经营企业为实现经营目标，通过对企业的外部汇集和内部条件的分析而制定的中长期规划。运营战略主要包括以下五个方面：

(1)顾客满意战略，是指坚持顾客第一、顾客至上的理念，并始终以消费者满意为宗旨的战略。

(2)市场化战略，是指按照市场规律进行运作，做到产权明晰、责权利明确，追求最大经济效益。

(3)规模经营战略，是指通过增加门店数量和扩大门店经营规模来获取规模经济效益的策略。

(4)标准化战略，是指通过制定统一的服务标准和企业形象来获取顾客认可的策略。

(5)专业化战略，是指根据经营环节形成专业分工，形成良好的运作机制的策略。

2．发展战略

制定发展战略必须根据连锁经营企业内部和外部的环境选择不同的发展方式。连锁经营企业的发展战略主要有以下四个方面：

(1)资本战略，系指连锁企业通过银行贷款、社会集资等形式积累发展资金，满足企业发展需要。

(2)方向战略，系指连锁企业向哪个业态和区域扩张。

(3)模式战略，系指连锁企业根据经营目标、外部环境和内部条件进行决策，包括门店数增加、连锁加盟和兼并等。

(4)速度战略，系指连锁企业根据经营目标、外部环境和内部条件确定企业的发展速度，二者必须相宜。

3. 竞争战略

竞争战略是指连锁经营企业在发展到一定规模后，为实现企业价值最大化而同业内其他企业之间产生的市场份额和客户占有率方面的争夺战略。竞争战略主要有以下三个方面：

(1)成本领先战略，系指连锁经营企业通过有效途径降低成本，形成对竞争对手的优势的一种战略。

(2)差异化战略，系指连锁经营企业以不同于竞争对手的产品、服务和形象等为特色，通过创新赢得特定的消费群。

(3)集聚目标战略，系指连锁经营企业通过长期的资源集中投入，来满足特定地区的顾客群对某产品的需求。

实训操作

一、活动背景

上海立达便利有限责任公司智慧型商店是设在上海立达学院校内的，服务对象主要是教职员工。为了确定智慧型商店的市场定位，在校内开展市场调研。

二、实训资料

1. 服务对象

学生约 6 000 人；老师约 300 人；职工约 150 人

2. 竞争对象

全家超市门店 1 家；教育超市门店 1 家

3. 地域区别

智慧型商店在商贸与旅游学院教学楼(学生约 2 000 人)；全家超市门店在 1 号食堂；教育超市门店在 2 号食堂

三、实训要求

请根据班级学生数，分成若干门店，根据上述实训资料开展市场调研，确定自己门店的市场定位和经营战略，并由店长采用 PPT 形式进行市场定位和经营战略汇报。

实训评价

请每一家门店伙伴，根据市场定位、经营战略体验活动和PPT上市场定位、经营战略汇报的情况进行自我测评，填写下列团队活动测评表。

团队活动测评表

测评内容	评判标准/分值	总分	自评分
体验活动情况	市场定位/ 明确/ 25分	25	
	市场定位/ 一般/ 10分		
	市场定位/ 不明确/ 5分		
	经营战略/ 合理/ 25分	25	
	经营战略/ 一般/ 10分		
	经营战略/ 不合理/ 5分		
PPT专题汇报	PPT设计制作/ 好/ 15分	15	
	PPT设计制作/ 一般/ 10分		
	PPT设计制作/ 较差/ 5分		
	语言表达/ 好/ 15分	15	
	语言表达/ 一般/ 10分		
	语言表达/ 较差/ 5分		
合作完成质量	达到目标/ 好/ 10分	10	
	达到目标/ 一般/ 6分		
	达到目标/ 较差/ 4分		
团队协作精神	协作精神/ 好/ 10分	10	
	协作精神/ 一般/ 6分		
	协作精神/ 较差/ 4分		
计　分			

指导教师评价表

评价项目	评价内容	评价意见
体验活动	公司设立;组织架构设计;岗位设置;岗位职责描述;团队协作精神;合作完成质量	
PPT 专题汇报	PPT 设计;PPT 制作;文字描述;语言表达;总结	

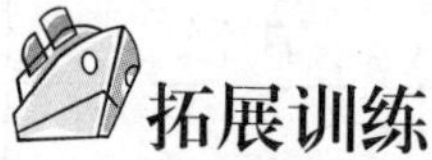

拓展训练

一、活动背景

连锁经营管理专业创业学生团队成立了 A 智慧便利有限责任公司和 B 智慧便利有限责任公司,为达到本公司的经营目标,首先需要对经营环境等情况开展市场调研,确定自己门店的市场定位和经营战略。

二、实训资料

1. A 智慧便利有限责任公司

该公司设在上海立达学院校外的卫生院旁。服务对象:上海立达学院的师生约 6 400 人;卫生院的职工约 300 人;流动人口约 500 人;较远处有居民小区。竞争对象:上海立达学院校内全家超市门店 1 家、教育超市门店 1 家;卫生院周围有较多杂货店。

2. B 智慧便利有限责任公司

该公司设在居民小区旁。服务对象:居民 2 万人;较远处有上海立达学院的师生约 6 400 人、卫生院的职工约 300 人。

三、实训要求

A 智慧便利有限责任公司和 B 智慧便利有限责任公司根据公司的经营目标和经营环境等情况开展市场调研,确定自己门店的市场定位和经营战略,并由各公司代表进行 PPT 汇报。每个公司代表汇报后,由师生互评,共同评价。

汇报内容的具体要求如下:

1. 如何进行市场定位,市场定位的具体表述是什么?
2. 公司经营战略的具体内容及确定的依据是什么?

实训三　商品采购与进货作业

业务背景

商品采购是指连锁零售企业在充分了解市场需求的情况下，根据企业的经营目标、市场定位，运用适当的采购策略和方法，通过等价交换，取得适销对路的商品的经济利益的经济活动过程。

上海立达便利有限责任公司立达智慧型商店在确定市场定位后，根据门店的经营目标进行市场调研，选择供应商进行商品采购。商品到达后，进行门店进货作业。

实训目的

通过本单元的实训教学，学生可以了解商品采购方式，熟悉进货作业流程，明确商品采购原则的基本作用，掌握商品采购与进货作业的基本能力。

实训环境

上海立达便利有限责任公司智慧型商店根据市场定位和经营战略配置商品，编制商品采购清单，并交由采购员执行。

实训课时

本单元实训课时为 5 学时。

操作指南

一、商品采购基本原则

1. 合适的采购价格

采购商首先希望获得一个合适的价格，降低企业的经营成本。通常，达到这个目的需要经过以下四个环节：

(1)多询价

询价的对象应为多家供应商，掌握该商品市场价的基本信息。

(2)细比价

比价是在分析各供应商提供的商品品质、性能、规格、数量、服务等基础上，筛选出价格最合适的若干个供应商。

(3)巧议价

根据这些供应商提供的不同支付方式进行议价，取得双方都能接受的合理价格。

(4)定价

选择其中最合适的价格，作为签约价格。

2. 合适的采购时间

采购的时间不宜太早，也不应太晚。太早，则造成堆积存货，占用仓储面积；太晚，则导致商品脱销，顾客流失，影响门店的形象。

3. 合适的商品品质

合适的商品品质是指该商品的技术标准或条件必须达到国际标准、国家标准、行业标准所规定的基本要求，而不是越高越好。

4. 合适的采购数量

合适的采购数量是指能满足连锁门店的正常销售数量。采购量过大，会占用仓储场地，可能造成商品积压。如果采购数量太少，则会增加采购作业的次数，提高采购各项的成本，还会延误门店的商机，直接影响企业的经济效益。

5. 合适的采购地点

合适的采购地点是指供应商交货的地点与连锁门店之间的距离不宜太远，且交通便利。

二、商品采购方式

1. 分散采购

分散采购是由连锁企业各门店自行组织采购的形式。其适用于企业大型超市门店，通常由采购部负责。分散采购的优点是能适应门店销售市场的变化，及时补货。缺点是因进货量小难以取得较低的价格，并容易造成各连锁门店各自为政，影响门店采购任务的实现。

2. 集中采购

集中采购是由连锁企业设置采购部进行统一采购，各门店专门负责销售，与采购脱离。只有实行统一采购，才能真正做到统一陈列、统一配送、统一促销策划、统一核算，才能真正发挥连锁经营的优势。集中采购是目前连锁企业采用的主要形式，其优点是有利于降低进货商品的价格，有利于提高采购专业化水平，降低商品采购成本。缺点是容易在信息管理程度不高的企业中发生购销脱节的现象。

3. 分散与集中结合采购

分散与集中结合采购是将一部分商品的采购权集中，由连锁企业总部的专门机构负责，另一部分商品采购权交给各门店实施。通常做法是，批量大的商品或外地商品实行集中采购，批量小的商品或本地商品实行分散采购。该采购形式集中了分散采购与集中采购的优点，但也会造成门店采购不力的现象。

三、商品采购业务流程

1. 门店提出补货商品

采购部根据各门店提出的补货商品汇总成采购清单，交给主管部门领导审核，经其确认后交由采购部执行该清单的采购任务。

2. 采购部选择供应商

当采购部接到采购任务时，根据采购清单的具体商品选择供应商，包括老的供应商和新的供应商，向其询盘，获得发盘后，对交易条件进行分析。

3. 采购部与供应商签约

采购部对各供应商提出的各项交易条件进行分析，选择其中最合适的供应商就某项具体的商品签订采购合同，明确商品品质、规格、数量、包装、价格、支付方式和交货的时间及地点等内容。

4. 采购部进行订单跟进

当采购合同签订后，采购部指定采购员，根据采购合同规定的品质、包装和交货时间进行跟进，掌握其相关信息，保证供应商能按时按质履行合同的义务。

5. 采购部进行入库验货

采购部接到供应商的交货通知后，根据到货的具体时间，在指定仓库协助有关人员进行验货，并确保交货的品质、种类、规格、包装和数量符合合同的规定。核准后，入库仓储。

6. 财务部结算货款及费用

财务部根据采购合同中的支付条款的规定，与供应商进行货款及有关费用的结算。经主管领导同意后进行银行转账，并做好相应的台账。

7. 汇总商品相关信息

采购部对采购信息进行归档，对各门店的商品售后信息进行归类，对顾客关于商品品质的投诉、门店在商品管理中发现数量短缺和商品积压等情况进行分析，并与供应商进行接洽，处理好相关事宜。

四、进货作业操作流程

1. 打开网页

打开计算机,打开网页浏览器,输入网页地址(10. 11. 97. 100:88),开启系统(见图 3—1)。

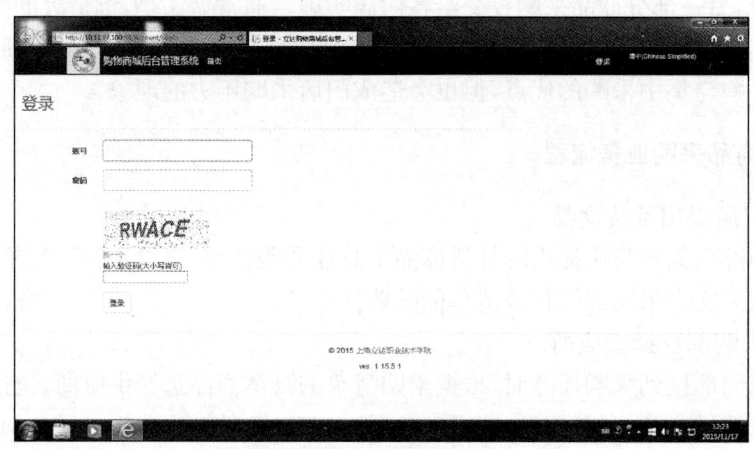

图 3—1　网页打开

2. 后台登入

在已打开的网页中输入商店账号(lida)和密码(lida ＊ ＊ ＊),并输入验证码,点击[登入]按钮,进入系统(见图 3—2)。

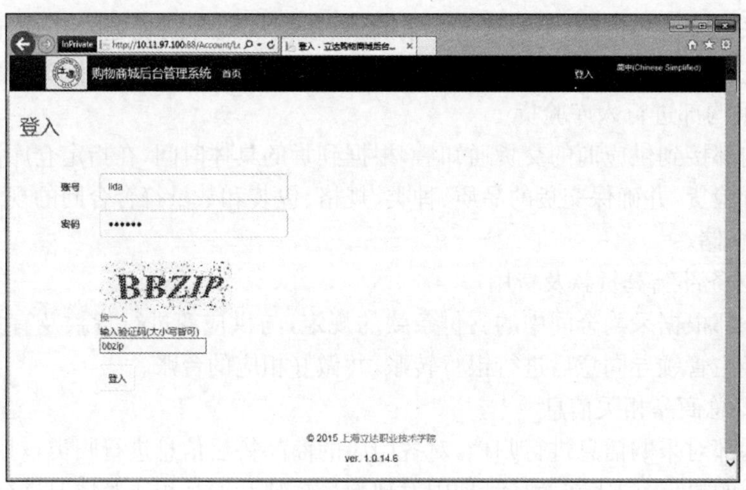

图 3—2　系统登入

3. 供应商维护

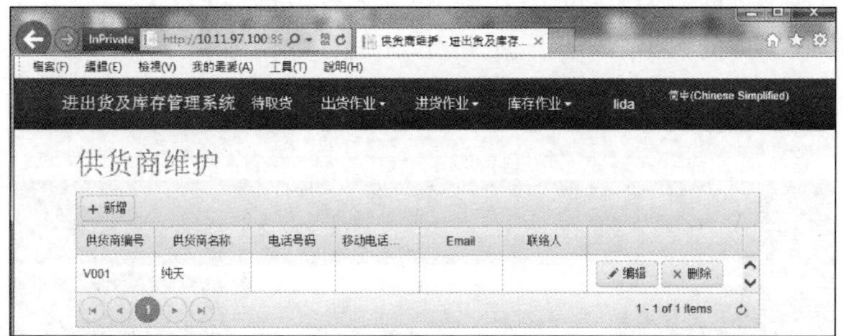

图 3—3　供应商维护界面

(1)按下[新增]按钮,增加供应商(见图 3—4);

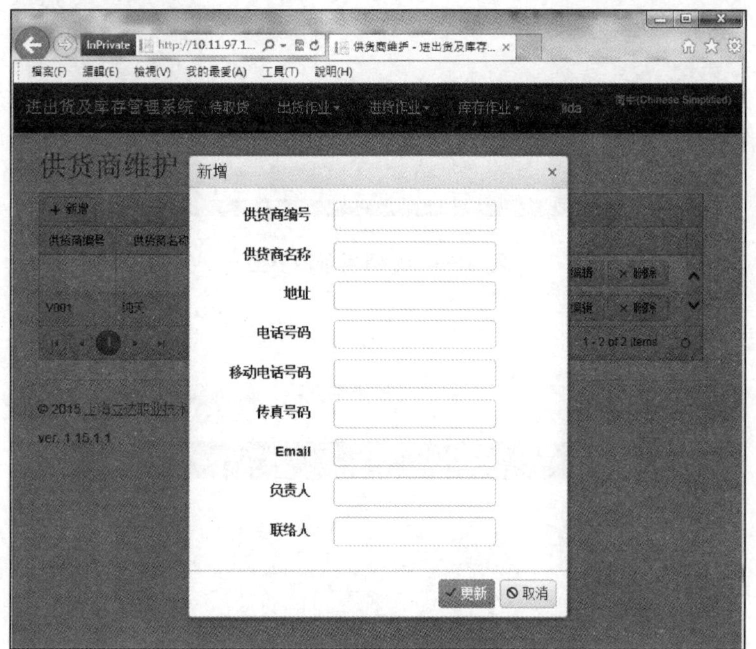

图 3—4　新增供货商界面

(2)按下[编辑]按钮,修改供应商(见图 3—5);

(3)按下[删除]按钮,删除供货商(同上);
(4)输入供货商数据后,按下[更新]按钮储存数据(同上);
(5)修改供货商数据后,按下[更新]按钮储存数据(同上)。

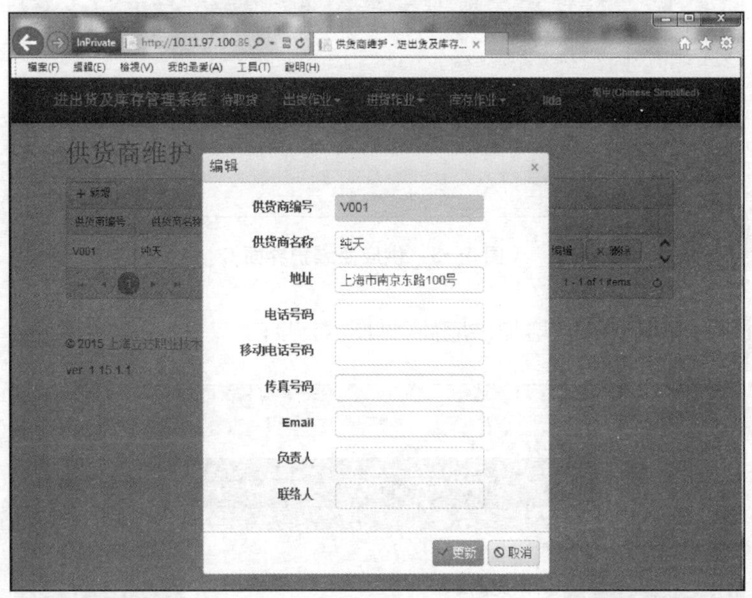

图 3—5　编辑供货商界面

4. 进货单维护

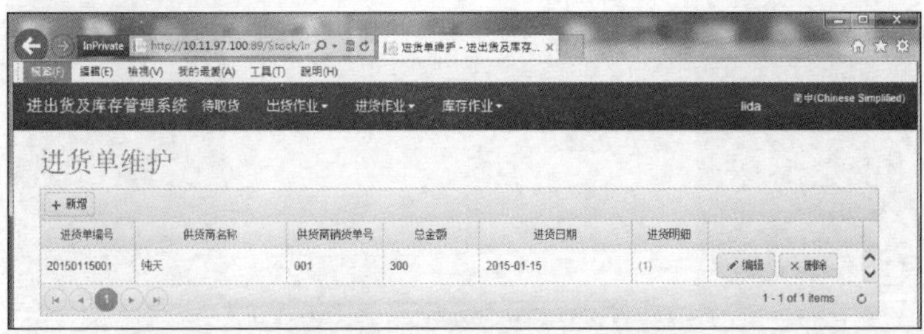

图 3—6　进货单维护界面

(1)按下[新增]按钮,增加进货单(见图 3—7);

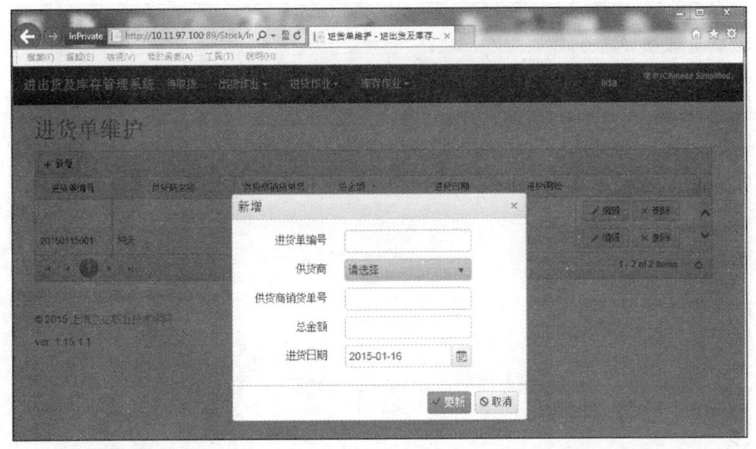

图 3—7 新增进货单

(2)按下[编辑]按钮,修改供货商(见图 3—8);

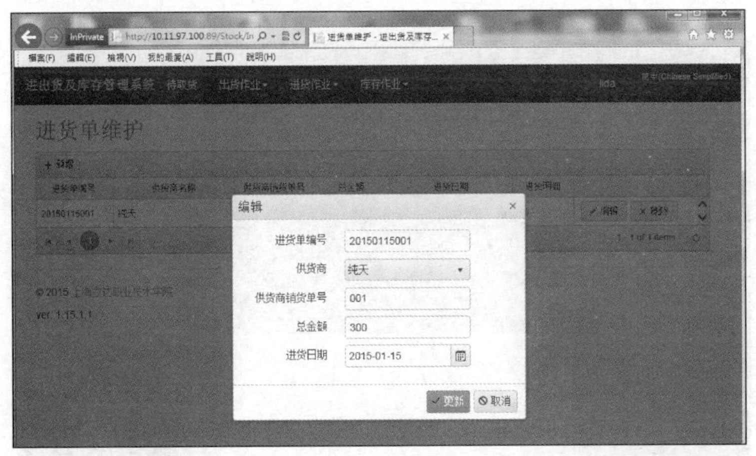

图 3—8 编辑进货单

(3)按下[删除]按钮,删除供货商(同上);
(4)点选"进货明细"链接,显示及编辑明细数据(见图 3—9);
(5)按下[新增]按钮,增加进货商品(见图 3—10);
(6)按下[编辑]按钮,修改进货商品(见图 3—11);
(7)按下[删除]按钮,删除进货商品;
(8)修改进货商品数据后,按下[更新]按钮储存数据。

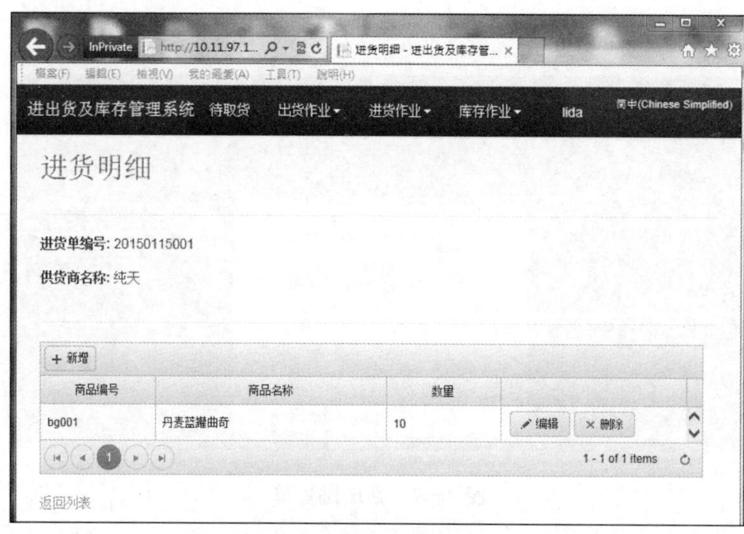

图 3—9　进货明细资料

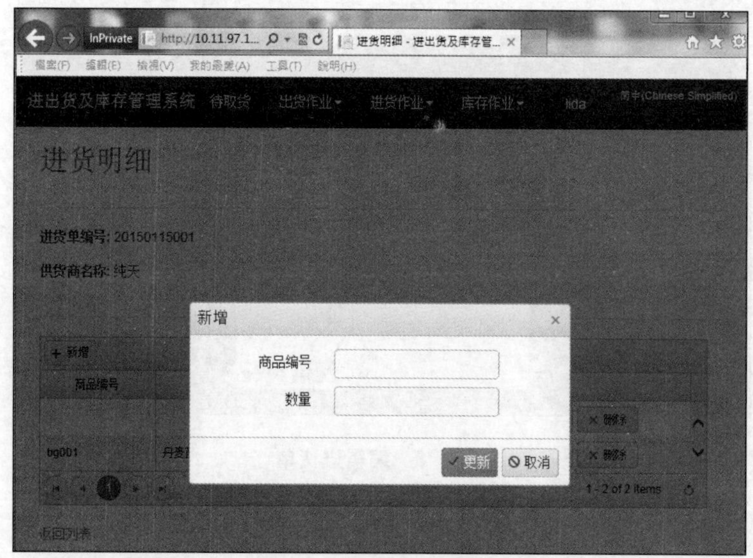

图 3—10　新增进货商品

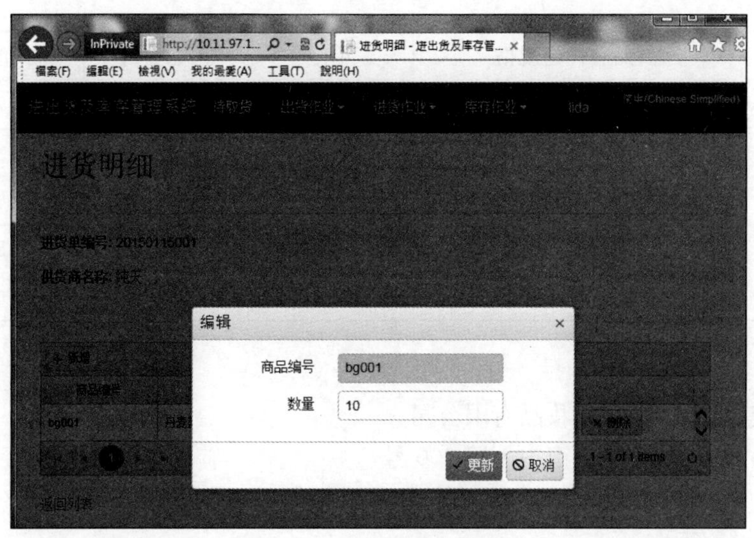

图 3—11　编辑进货商品

实训操作

一、活动背景

上海立达便利有限责任公司智慧型商店确定市场定位和经营战略目标后，进行商品配置，编制商品采购清单，指定采购员执行并签订采购合同。

二、实训资料

1. 采购商品明细

采购商品明细

序号	商品名称与规格	单位	采购数量	单价(元)
1	天然洗手乳	瓶	98	45
2	餐具清洁乳	瓶	100	40
3	蔬果清洁乳	瓶	100	40
4	客卧专用喷喷乐	瓶	100	33
5	厨房专用喷喷乐	瓶	100	33

续表

序号	商品名称与规格	单位	采购数量	单价(元)
6	天然洗衣粉	盒	100	76
7	食物净化解毒粉	瓶	97	80
8	茶树洁净洗发露	瓶	99	69
9	玫瑰净妍洁面露	瓶	100	58
10	兰香护肤沐浴露	瓶	50	69

2. 采购合同

供应商:浙江宁波化妆品有限公司

地　址:浙江省宁波市中山路900号

通　讯:电话0574－3696011、传真0574－3696022

联系人:李平

合同号:YM070531

开户行:宁波市工商银行中山支行

账　号:CGS06223311

上海立达便利有限责任公司

电话：021－65788888　　　　采购合同　　　　编号：＿＿＿＿＿＿

传真：021－65788899　　　　　　　　　　　　日期：＿＿＿＿＿＿

供应商：

请供应以下产品：

型号	品名、规格	单位	数量	单价	金额	备注
合计						

1. 交货日期：　　年　月　日以前一次交清。
2. 交货地点：
3. 包装方式：
4. 付款方式：货到交货地，经我公司验收合格后，立即付款。
5. 不合格产品处理：全部或一部分不合格时，应由卖方取回调换或退款。
6. 如因交货误期、规格不符、质量不符合要求造成本公司的损失，卖方负赔偿责任。
7. 如卖方未能按期交货，必须赔偿本公司因此蒙受的一切损失。
8. 其他：
9. 开户行：　　　　账号：

地址：　　　　　联系电话：　　　　　　传真：

联系人：

采购单位：（盖章）　　　　　　　供应商：（盖章）

代表签名：　　　　　　　　　　　代表签名：

三、实训要求

请根据班级学生数，分成若干门店，根据上述实训资料与供应商洽谈签约，并对采购商品进行进货作业。然后，由门店采购员采用PPT形式进行商品采购工作汇报。

实训评价

请每一家门店伙伴，根据商品采购体验活动和 PPT 汇报的情况进行自我测评，填写下列团队活动测评表。

团队活动测评表

测评内容	评判标准/分值	总分	自评分
体验活动情况	商品采购计划/ 正确/ 25 分	25	
	商品采购计划/ 一般/ 10 分		
	商品采购计划/ 不合理/ 5 分		
	采购合同/ 正确/ 25 分	25	
	采购合同/ 一般/ 10 分		
	采购合同/ 不正确/ 5 分		
PPT 专题汇报	PPT 设计制作/ 好/ 15 分	15	
	PPT 设计制作/ 一般/ 10 分		
	PPT 设计制作/ 较差/ 5 分		
	语言表达/ 好/ 15 分	15	
	语言表达/ 一般/ 10 分		
	语言表达/ 较差/ 5 分		
合作完成质量	达到目标/ 好/ 10 分	10	
	达到目标/ 一般/ 6 分		
	达到目标/ 较差/ 2 分		
团队协作精神	协作精神/ 好/ 10 分	10	
	协作精神/ 一般/ 6 分		
	协作精神/ 较差/ 2 分		
计　分			

指导教师评价表

评价项目	评价内容	评价意见
体验活动	公司设立;组织架构设计;岗位设置;岗位职责描述;团队协作精神;合作完成质量	
PPT 专题汇报	PPT 设计;PPT 制作;文字描述;语言表达;总结	

拓展训练

一、活动背景

A 智慧便利有限责任公司和 B 智慧便利有限责任公司根据公司的市场定位、经营战略目标进行商品配置,编制商品采购清单,实施采购。

二、实训资料

1. A 智慧便利有限责任公司

采购商品明细

序号	商品名称与规格	单位	采购数量	单价(元)
1	孔雀开屏	枚	50	60.00
2	天马行空	枚	49	60.00
3	幸运天使	枚	50	40.00
4	太阳神	枚	48	40.00
5	QQ 猫	枚	50	40.00
6	礼仪之手	枚	50	60.00
7	一帆风顺	枚	50	40.00
8	钻石蜥蜴	枚	50	60.00
9	希望圣诞树	枚	50	60.00
10	欢乐圣诞靴	枚	50	60.00

2. 采购合同

供应商:浙江工艺品有限公司

地　址：浙江省宁波市中山路12号
通　讯：电话0574－3696123、传真0574－3696124
联系人：张凤
合同号：AZH16001
开户行：宁波市工商银行中山支行
账　号：CG16543212345

A智慧便利有限责任公司

电话：021－65781234　　采购合同　　编号：______
传真：021－65781235　　日期：______
供应商：
请供应以下产品：

型号	品名、规格	单位	数量	单价	金额	备注
合计						

1. 交货日期：　　年　月　日以前一次交清。
2. 交货地点：
3. 包装方式：
4. 付款方式：货到交货地，经我公司验收合格后，立即付款。
5. 不合格产品处理：全部或一部分不合格时，应由卖方取回调换或退款。
6. 如因交货误期、规格不符、质量不符合要求造成本公司的损失，卖方负赔偿责任。
7. 如卖方未能按期交货，必须赔偿本公司因此蒙受的一切损失。
8. 其他：
9. 开户行：　　　　账号：

地址：　　　　联系电话：　　　　传真：

联系人：

采购单位：（盖章）　　　　供应商：（盖章）

代表签名：　　　　代表签名：

2. B智慧便利有限责任公司

采购商品明细

序号	商品名称与规格	单位	采购数量	单价(元)
1	丽芝士纳宝帝威化饼干 58g	包	10	2.50
2	印尼喜达原味拌面	包	10	3.80
3	印尼喜达辣味拌面	包	10	3.8
4	泰国养养牌香辣海鲜汤面	包	10	4.00
5	泰国养养牌酸辣虾味面	包	10	4.00
6	越南牛肉河粉	包	10	3.80
7	越南酸辣蛤蜊海鲜河粉	包	9	3.80
8	日清匹萨饼干(奶酪柠檬)	包	10	10.00
9	明治手指饼干(巧克力味)	包	10	5.00
10	明治手指饼干(牛奶味)	包	10	5.00

2. 采购合同

供应商：浙江食品有限公司

地　址：浙江省宁波市中山路 326 号

通　讯：电话 0574－3694567、传真 0574－3694568

联系人：张丁

合同号：BZH161001

开户行：宁波市工商银行中山支行

账　号：CG16543256789

B 智慧便利有限责任公司

电话:021－ 65789876　　　　采购合同　　　　编号:____________

传真:021－ 65789875　　　　　　　　　　　日期:____________

供应商:

请供应以下产品:

型号	品名、规格	单位	数量	单价	金额	备注
合计						

1. 交货日期:　　年　月　日以前一次交清。
2. 交货地点:
3. 包装方式:
4. 付款方式:货到交货地,经我公司验收合格后,立即付款。
5. 不合格产品处理:全部或一部分不合格时,应由卖方取回调换或退款。
6. 如因交货误期、规格不符、质量不符合要求造成本公司的损失,卖方负赔偿责任。
7. 如卖方未能按期交货,必须赔偿本公司因此蒙受的一切损失。
8. 其他:
9. 开户行:　　　　　账号:

地址:　　　　　　联系电话:　　　　　　　传真:

联系人:

采购单位:(盖章)　　　　　　　供应商:(盖章)

代表签名:　　　　　　　　　　代表签名:

三、实训要求

A 智慧便利有限责任公司和 B 智慧便利有限责任公司进行签约,并由各公司代表进行 PPT 汇报。每个公司代表汇报后，由师生互评，共同评价。

汇报内容的具体要求如下：

1. 如何进行商品配置，为什么？
2. 如何编制商品采购清单，具体有哪些类别的商品？

实训四　出库作业与商品陈列

业务背景

商品出库作业是指仓库根据运营部门开出的提货单等商品出库凭证，按其所列商品名称、规格、型号、数量等项目，组织商品出库的一系列工作的过程。商品陈列是指运用一定的技术和方法对商品布局进行管理，展示商品的工作。

上海立达便利有限责任公司立达智慧型商店根据门店的经营目标，开出经销商品的提货单，并制作商品配置表。当货物到达后，组织门店伙伴一起上架，根据商品陈列的原则与要求陈列商品，引导顾客购物，提升门店的服务形象。

实训目的

通过本单元的实训教学，学生可以了解商品出库作业流程，熟悉商品陈列的基本原则和要求，明确商品陈列的主要作用，掌握商品陈列的基本能力。

实训环境

上海立达便利有限责任公司智慧型商店设置了 6 个商品陈列区域，根据门店的经营目标选择了六大类商品进行销售，并开出了提货单。货物到达之后，门店伙伴编制商品配置表并依据其将货物上架。

实训课时

本单元实训课时为 5 学时。

操作指南

一、商品出库作业流程

1. 核单备货

仓库管理员认真核对出库凭证。主要有三个方面:出库凭证的真实性,商品的品名、型号、规格、单价、数量、收货单位等信息,出库凭证有效期等。

审核凭证之后,根据提货单所列项目,按照“先进先出、易霉易坏先出、接近有效期先出”的原则进行备货。

2. 分拣

仓库管理员根据提货单上的信息拣取商品,分类将商品放入已标示好的各区域或容器中,等待出货。

3. 复核

为防止差错,备货后应立即进行复核。出库的复核形式主要有专职复核、交叉复核和环环复核三种。在发货作业的各个环节上,都应贯穿着复核工作。

4. 点交

商品经复核后,需要办理交接手续,当面将商品交接清楚。交清后,提货人员应在出库凭证上签字盖章。

5. 登录信息

点交后,仓库管理员应在出库单上填写实发数、发货日期等内容,并签字盖章。然后在管理平台上的“进出货及库存管理操作系统”上登录相关信息。

二、商品陈列的基本设备

1. 货架

货架是门店最主要的陈列设备,可分为靠壁型单面架和通道型双面架。按照门店的经营形态,又可分为轻型货架、量贩货架、仓储货架等。门店的货架大多以可拆卸组合的钢制货架为主,高度分别为 1.35 米、1.52 米、1.65 米、1.80 米,长度以 0.9 米、1.20 米等为最常用的规格。

2. 商品橱

商品橱也称为玻璃展示橱,通常陈列轻薄短小且高级精致的商品,配合照明,更可衬托出商品的品质。

3. 陈列柜

陈列柜通常具有专用性与功能性的特点,适于主力商品的陈列,体现商品的价值，确保商品的品质。

4. 展示台

展示台一般用于商品的展示，以较有设计变化的高低台、平面台、角度台及其他不规则形状的陈列面，展现商品的特色与魅力。

三、商品陈列的基本原则

1. 分区定位原则

分区定位是指每一类、每一项商品都必须有一个相对固定的陈列位置，便于商品陈列标准化和顾客选购商品。商品一经配置后，商品陈列的位置和陈列面一般不宜变动，因换季或重大促销活动而进行整体布局调整的情况除外。

2. 关联性原则

关联性不是简单地集中在一个区域陈列，而是要求在尽可能的情况下，端头陈列的商品与相邻货架商品有关联，让端头发挥一定的导购作用，相邻堆头之间也要注意关联陈列，注意平稳过渡。相关商品货位布置要邻近或面对面，以便顾客相互比较，促进连带购买。

3. 易见易取原则

主要有两个方面：一是显而易见，是指商品在货架上要引起顾客的注意，贴有价格标签的商品正面要朝向顾客，每一种商品不能被其他商品挡住视线，货架下层不易看清的陈列商品，可以倾斜式陈列；二是伸手可取，是指顾客自由方便地拿到货架上陈列的商品，对一些挑选性强、易脏手的商品，应配有简单的拿取工具，以方便顾客挑选。

4. 前进梯状原则

主要包括两个方面：一是前进陈列，是指按照先进先出的原则补货，当货架陈列的前层商品被买走后，营业员要将凹到里层的商品往外移，从后面开始补充陈列商品。如此货不再销售，则应进行前进陈列，以保持陈列商品的整齐。二是梯状陈列，是指商品的陈列应前低后高，呈现梯状，使商品陈列既有立体感和丰富感，又不会使顾客产生被商品压迫的感觉。

5. 纵向陈列原则

纵向陈列是指将系列商品进行垂直陈列，使顾客对整个系列商品一目了然，从而起到很好的销售效果。纵向陈列法也可将相关的同类商品同时展现在顾客的面前。

6. 整齐陈列原则

货架、堆头、端架上的陈列商品必须整齐。如果仓库库存不足，不能保证货架放满，就要把商品前进陈列，以保证陈列商品的整齐。

7. 业绩陈列原则

业绩陈列原则是指以销售业绩为依据分配陈列段位，销售好的商品处于好的段位，反之亦然。销售是一个动态的过程，要不断分析销售的基本情况，适时做好陈列段位的调整。

四、商品陈列的基本方法

1. 整齐陈列法

整齐陈列法是指将单个商品根据货架的尺寸确定商品长、宽、高的排面数进行整齐地排列的方法（见图 4—1）。整齐排列法突出了商品的量感，适用于折扣率高和季节性的商品。

图 4—1　整齐陈列法

2. 随机陈列法

随机陈列法是指在确定的货架上随意地将商品堆积的方法（见图 4—2）。随机陈列法所占的陈列作业时间很少，主要适用于特价商品，给顾客一种“特卖品就是便宜品”的印象，可配置在中央陈列架的通道内或需要吸引顾客的地方，其目的是带动这些地方陈列商品的销售。

图 4—2　随机陈列法

3. 端头陈列法

端头是指在整排货架的最前端及最后端，也就是顾客购物路线的转弯处，是顾客经过频率最高的地方，也是最佳的陈列位置，一般用来陈列特价品、新产品和利润高的商品(见图 4—3)。

图 4—3　端头陈列法

4. 岛式陈列法

岛式陈列法是指在超级市场的进口处、中部或者底部不设置中央陈列架，而配置陈列用的特殊展台陈列商品的方法(见图 4—4)。岛式陈列法的特点是可从四个方向观看，其陈列的用具一般是冰柜、平台、大型的货柜和网状货筐等。

图 4—4　岛式陈列法

5. 悬挂式陈列法

悬挂式陈列法是指将商品悬挂在固定的、可转动的、装有挂钩的陈列架上的陈列方法。其适用于扁平或细长型的轻质商品，如用于装饰品、文具、袜子等的塑料包装，能使商品产生立体感的效果(见图 4—5)。

图 4—5　悬挂式陈列法

6. 突出陈列法

突出陈列法是指将商品放在篮子、车子、箱子、存物筐或突出的延伸板内，陈列在相关商品的旁边销售。其主要目的是打破陈列的单调感，诱导和招揽顾客。

7. 盘式陈列法

盘式陈列法是指将非透明包装箱的上部切除，将包装箱的底部作为商品陈列的托盘，以显示商品包装的促销效果。通常是整箱多层堆积，只在上面一层做盘式陈列，提示顾客可以整箱购买，通常配置在中央陈列货架的尾端或两端以及进出口特别展示区。

8. 窄缝陈列法

窄缝陈列法是指在中央陈列货架上撤去几层隔板，只留下底部的隔板形成一个窄长的空间进行陈列的方法。窄缝陈列的商品只能是 1 至 2 个单项商品，所要表现的是商品的量感，陈列量是平常的 5 倍，能起到吸引顾客注意力的作用，适用于新产品或利润高的商品。

五、商品配置表的制作

制作商品配置表是指把商品的排面在货架上做出最有效的合理分配，并通过制作配置图表规划出来。每一种商品在货架上的陈列方位、陈列位置以及所占的排面数确定下来，能有效促进商品的销售，提升门店的经营效益。

1. 制作商品平面配置图

在规划商品配置表时，先要根据市场调研的结果选择门店销售的商品，收集商品的品项资料，其包括价格、规格、尺寸、成分、包装材料、颜色等，再确定大、中、小分类商品应占的面积。然后，根据商品的关联性、需求特征、能见度等因素决定每一类商品的位置，并以此为依据制作商品平面配置图。

2. 配置商品陈列设备

根据商品平面配置图和陈列的品项选择标准化的商品陈列货架，便于计算陈列的商品数量。特殊商品采用特殊的陈列设备，每一个货架或陈列设备对应一张商品陈列表。

3. 编制商品配置表

运用商品陈列的原则和方法，根据配置商品陈列设备确定什么商品要配置到上段或黄金线，什么商品要配置到中段或下段，并编制商品配置表。

4. 陈列商品

根据商品配置表陈列商品，对同类商品尽量垂直陈列，商品与棚板之间要留有3～5厘米的空隙，并挂好价签。然后，看看颜色、高低及容器形状是否协调，如出现不理想的状况，可以进行调整。

实训操作

一、活动背景

上海立达便利有限责任公司智慧型商店根据门店的经营目标选择了六大类销售商品，编制了商品配置表。门店伙伴根据商品配置表进行商品陈列。

二、实训资料

1. 内部布局

百货区域；食品区域；礼品区域；文具区域；服装区域；鞋帽区域

2. 陈列设备

双面货架40对(高度为1.35米、长度为0.9米和1.20米)；单面货架10个(高度为1.35米、长度为0.9米和1.20米)；冷藏柜2个；冷冻货柜1个；饮料与酒类专柜2个

3. 提货单信息

(1)百货(规格及数量)：

商品编号	商品名称	规格	数量/单位
0018	天然洗手乳	550g	98/瓶
0025	餐具清洁乳	550g	100/瓶

(2)食品(规格及数量):

商品编号	商品名称	规格	数量/单位
SPFBMJK－04	泰国养养牌酸辣虾味面	350g	10/包
SPFBMJK－05	越南牛肉河粉	65g	10/包

(3)饮料(规格及数量):

商品编号	商品名称	规格	数量/单位
LD－0001	消脂茶	100g	50/包
LD－0002	青草茶	100g	48/包

(4)文具(规格及数量):

商品编号	商品名称	规格	数量/单位
WJBJBGB	广博笔记本	25K(140×205)	10/本
WJCSQBCG	晨光彩色铅笔	18 色	10/盒

(5)服饰(规格及数量):

商品编号	商品名称	规格	数量/单位
LFDKMX01	短款抹胸礼服	M	10/件
LWCKF01	长款粉色礼服	M	10/件

三、实训要求

首先,门店伙伴根据上述实训资料选择一个区域的商品编制商品配置表;其次,门店伙伴根据编制的商品配置表拣货出库;再次,门店伙伴根据编制的商品配置表进行商品陈列;最后,由门店伙伴采用 PPT 形式进行拣货、商品陈列工作汇报。

实训评价

请门店伙伴根据编制商品配置表、拣货出库单和商品陈列的体验活动进行 PPT 工作汇报,进行自我测评,填写下列团队活动测评表。

团队活动测评表

测评内容	评判标准/分值	总分	自评分
体验活动情况	商品配置表编制/合理/25分	25	
	商品配置表编制/一般/10分		
	商品配置表编制/不合理/5分		
	商品陈列/正确/25分	25	
	商品陈列/一般/10分		
	商品陈列/不正确/5分		
PPT专题汇报	PPT设计制作/好/15分	15	
	PPT设计制作/一般/10分		
	PPT设计制作/较差/5分		
	语言表达/好/15分	15	
	语言表达/一般/10分		
	语言表达/较差/5分		
合作完成质量	达到目标/好/10分	10	
	达到目标/一般/6分		
	达到目标/较差/2分		
团队协作精神	协作精神/好/10分	10	
	协作精神/一般/6分		
	协作精神/较差/2分		
计　分			

指导教师评价表

评价项目	评价内容	评价意见
体验活动	公司设立;组织架构设计;岗位设置;岗位职责描述;团队协作精神;合作完成质量	
PPT专题汇报	PPT设计;PPT制作;文字描述;语言表达;总结	

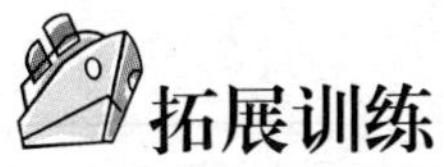

拓展训练

一、活动背景

A智慧便利有限责任公司和B智慧便利有限责任公司根据门店的经营目标分别选择经销商品，编制商品配置表，进行商品陈列。

二、实训资料

A智慧便利有限责任公司根据门店的经营目标选择下列经销商品：

(1)百货(规格及数量)：

商品编号	商品名称	规格	数量/单位
0032	蔬果清洁乳	550g	100/瓶
1022	客卧专用喷喷乐	500g	100/瓶

(2)食品(规格及数量)：

商品编号	商品名称	规格	数量/单位
SPFBMJK－06	越南酸辣蛤蜊海鲜河粉	64g	9/包
SPLSBG－07	日清匹萨饼干(奶酪柠檬)	90g	10/包

(3)饮料(规格及数量)：

商品编号	商品名称	规格	数量/单位
LD－0003	酸梅汤	100g	50/包
LD－0004	陈皮柠檬	200g	50/包

(4)文具(规格及数量)：

商品编号	商品名称	规格	数量/单位
WJTKBCG	晨光考试涂卡笔	AMP35010	10/支
WJXPCG4B	晨光4B橡皮	MF－6305	10/块

(5)服饰(规格及数量)：

商品编号	商品名称	规格	数量/单位
MGNS	民国女生服一女	M	10/件
NSXZ01	小明同款男士西装	M	10/件

B智慧便利有限责任公司根据门店的经营目标选择下列经销商品：

(1)百货(规格及数量)：

商品编号	商品名称	规格	数量/单位
6010	茶树洁净洗发露	500g	99/瓶
6027	玫瑰净妍洁面露	250g	100/瓶

(2)食品(规格及数量)：

商品编号	商品名称	规格	数量/单位
SPBGLZS－01	丽芝士纳宝帝威化饼干	58g	10/包
SPFBMJK－01	印尼喜达原味拌面	88g	10/包

(3)饮料(规格及数量)：

商品编号	商品名称	规格	数量/单位
SW－08	义式咖啡	100g	48/包
SW－09	玻利维亚	56g	50/包

(4)文具(规格及数量)：

商品编号	商品名称	规格	数量/单位
WJXZDCG	晨光修正带	ACT52801 30m×5mm	10/个
WJZXBCG	晨光中性笔	GP－1280 0.5	10/支

(5)服饰(规格及数量)：

商品编号	商品名称	规格	数量/单位
NSZS01	中山装(黑/白)	M	10/件
RYMTBD－01	可爱波点男女棉拖鞋	M	10/双

三、实训要求

A 智慧便利有限责任公司和 B 智慧便利有限责任公司根据各自门店的经营目标选择有需求的经销商品，编制商品配置表，进行商品陈列，并由各公司代表进行 PPT 汇报。每个公司代表汇报后，由师生互评，共同评价。

汇报内容的具体要求如下：

1. 编制商品配置表的要求与方法有哪些？
2. 商品陈列的原则与方法有哪些？

实训五 商品广告与二维码标签

业务背景

商品广告是以促进产品的销售为目的，通过向目标受众介绍有关商品信息，突出商品的特性，以引起目标受众和潜在消费者关注的广告。随着新媒体的兴起，精准投放商品广告能提高商品的知名度，促进商品销售。二维码标签是指应用二维码技术以及无线通信网络技术，以二维码为信息子载体，实施一品一码，对每一件商品信息进行跟踪、采集、汇总、查询、管理等，通过手机终端中安装的识读软件轻松扫码，即可实时方便地查询商品信息。

上海立达便利有限责任公司立达智慧型商店根据门店经营的商品，在开业前制作商品广告和二维码标签，促进商品管理和销售。

实训目的

通过本单元的实训教学，学生可以了解商品广告制作的基本流程，熟悉二维码标签制作的基本程序，明确商品广告的基本作用，掌握商品广告与二维码标签的制作技能。

实训环境

上海立达便利有限责任公司智慧型商店根据门店经营的商品，制作商品广告和二维码标签，确保门店顺利开业经营。

实训课时

本单元实训课时为5学时。

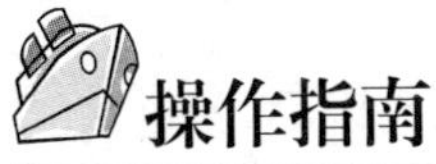

操作指南

一、商品广告制作

1. 产品信息采集

(1)对选定商品进行拍照

照片的要求是名称、特点清晰(见图 5—1),视频文件或者广告视频地址让人一目了然。

图 5—1 照片拍摄要求

(2)收集产品的简介

礼服商品简介:

袖长:无袖

礼服摆型:短裙摆

颜色分类: 裸粉红色、大红色、白色、香槟色、紫罗兰

尺码:L 码(体重 108—130 斤);均码(体重 80—108 斤)

适用场景:婚礼、成人礼、聚会、公司年会、表演、约会

材质:网纱、锦缎

风格:韩版

适用年龄:18—25 周岁

款式:抹胸型

礼服裙长:短裙

2. 登录后台

打开电脑，输入 10.11.97.100:88，输入用户名、密码和验证码以后，就进入了后台操作界面（见图 5－2）。左侧为后台菜单，菜单分为 3 大类，分别是商店管理、商品管理、订单管理。

图 5－2　后台操作界面

3. 新增商品类别

（1）打开商品管理菜单，点击[类别]，点击[新增]按钮，添加与商品对应的商品类别，由于本商品为服饰租赁类别，所以添加一个服饰租赁的类别。

（2）点击[更新]按钮（见图 5－3），完成操作。

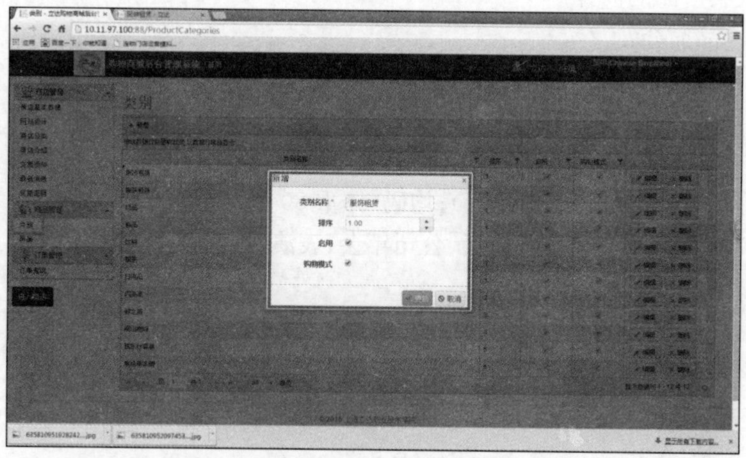

图 5－3　新增商品类别

4. 新增商品

(1)打开商品管理菜单,点击[商品],点击[新增]按钮,添加与商品对应的详细信息,如商品编码、名称、原价、现价、单位,并选取之前新增的类别,且打“ * ”的项目是必填项目。

(2)点击[更新]按钮(见图 5—4),完成操作。

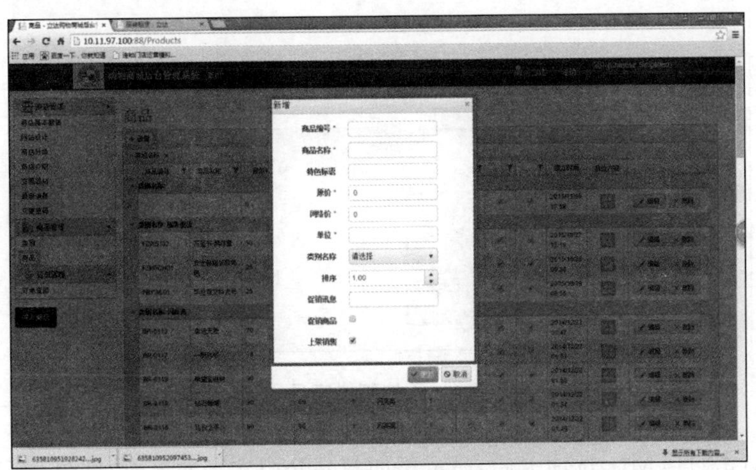

图 5—4　新增商品

5. 寻找商品数据信息

(1)点击商品管理菜单下[商品],寻找新录入的商品,再点击[数位内容](见图 5—5)。

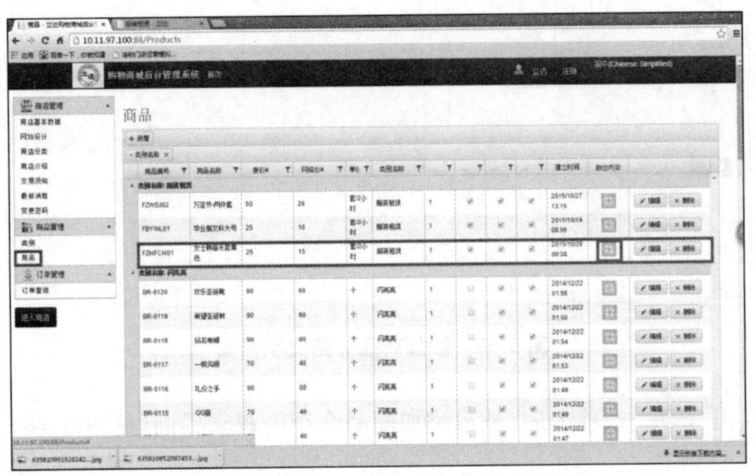

图 5—5　寻找新增商品信息

(2)点击[数位内容]后,再点击[图片]选项卡,显示已添加该商品图界面(见图5—6)。

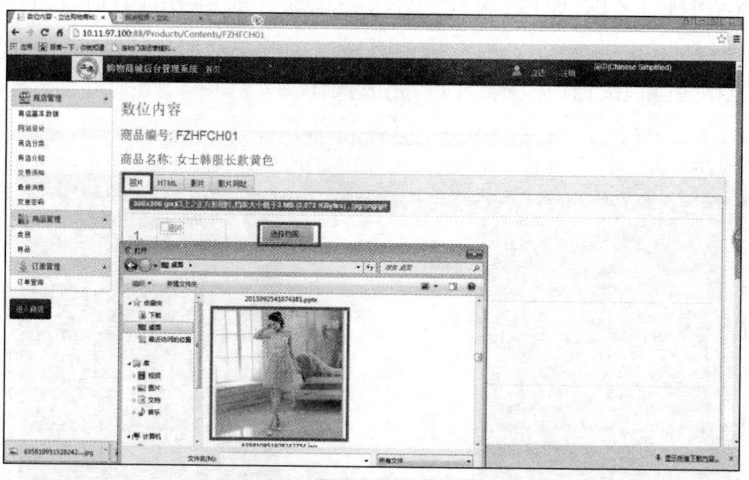

图 5—6　添加新增商品界面

(3)点击[HTML]选项卡后,显示添加商品介绍文字的界面(见图 5—7),在文本页面内输入文字简介。

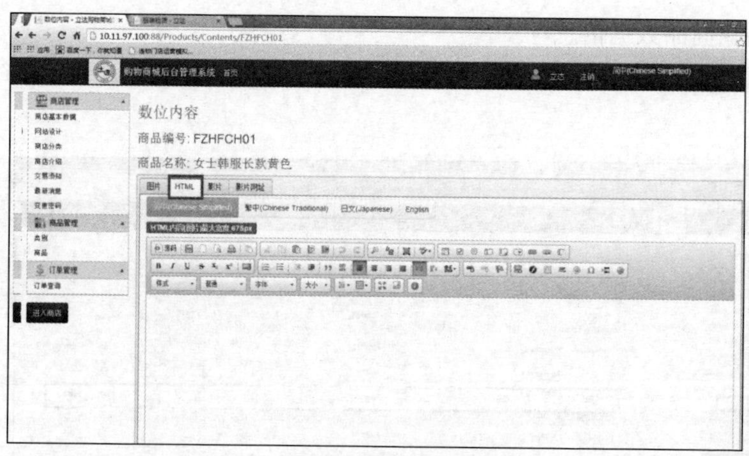

图 5—7　添加商品介绍文字界面

(4)点击[影片]选项卡后,显示添加商品介绍的视频界面(见图 5—8)。

图 5—8　添加商品介绍视频界面

(5)点击[影片网址]选项卡后,显示介绍该商品的网络视频地址界面(见图 5—9)。

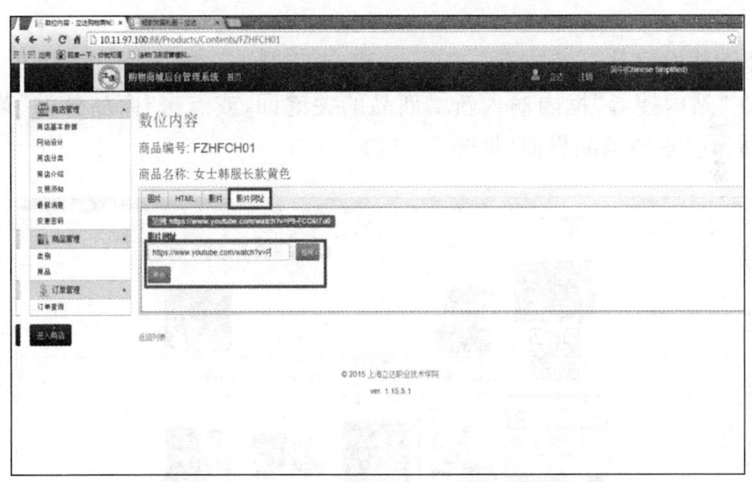

图 5—9　添加商品介绍网络视频地址界面

二、二维码标签制作

1. 寻找商品

打开电脑,打开网页,输入 10.11.97.100,进入智慧型商店网站主页界面(见

图 5—10)。

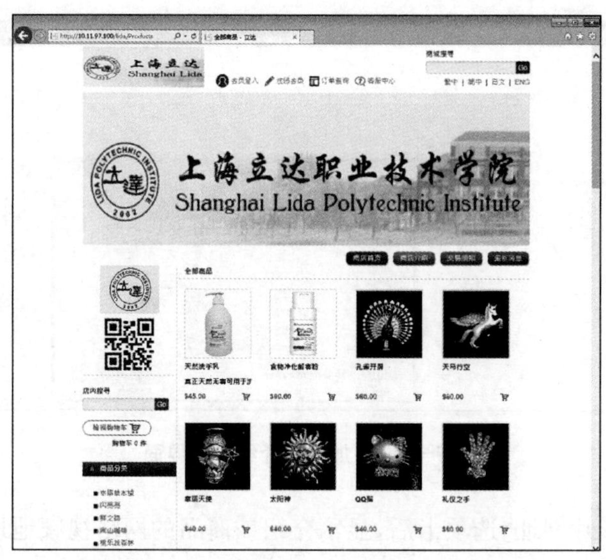

图 5—10　智慧型商店网站主页界面

2. 搜索新增商品

(1)在“站内搜寻”框内输入新增商品的关键词,或点击“商品分类”菜单下的“服饰租赁”,呈现该商品界面(见图 5—11)。

图 5—11　服饰租赁界面

(2)点击新增商品图片,呈现该商品详细信息界面(见图 5—12),用于扫描新增商品二维码编码。

图 5－12　添加商品详细信息界面

3. 数码信息采集

(1)打开平板电脑(见图 5－13),点击设备上的二维码识别软件(见图 5－14)。

图 5－13　打开平板电脑界面

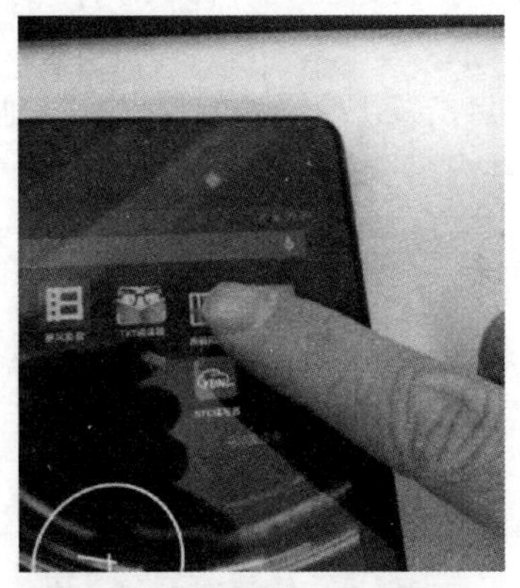

图 5－14　点击二维码识别软件

(2)用二维码识别软件扫描新增商品二维码(见图 5－15),将会得到一个链接地址(见图 5－16),将该地址予以保存。

图 5—15　扫描新增商品二维码

图 5—16　新增商品的二维码链接地址

(3)打开平板电脑上的“NFC 写入软件”(见图 5—17)。

图 5—17　打开 NFC 写入软件界面

(4)点击“NFC 写入软件”中的[地址]按钮(见图 5—18),将该商品链接地址粘贴到软件内(见图 5—19)。

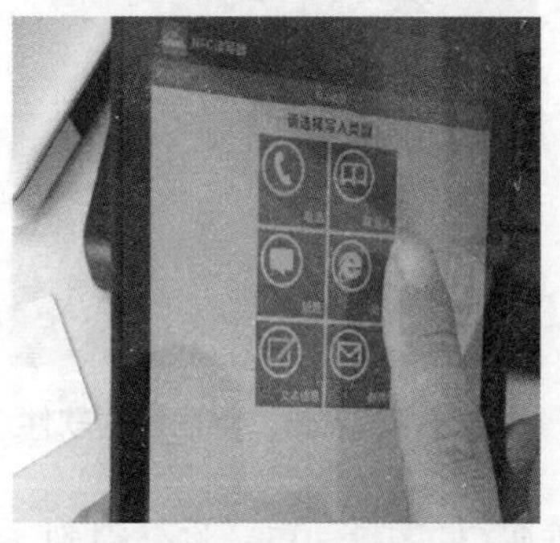

图 5—18　点击[地址]按钮

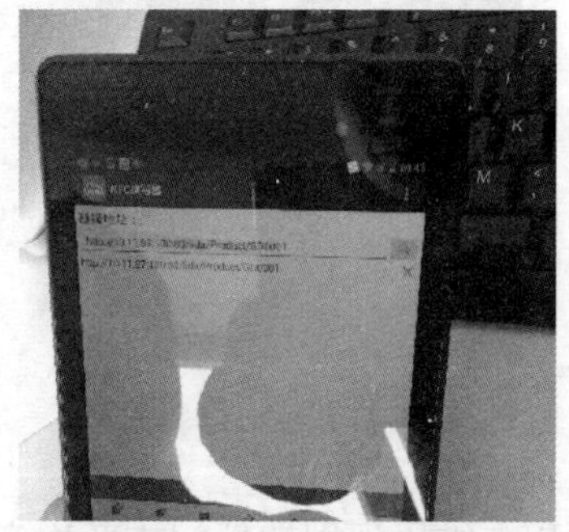

图 5—19　粘贴地址

(5)将空白卡片放在平板电脑背面感应器对应位置(见图 5—20),点击写入 NFC 卡片(见图 5—21)。

图 5－20　空白卡片放在平板电脑背面

图 5－21　点击写入 NFC 卡片

(6)对卡片进行美工制作,根据其尺寸、规格进行绘制,要与门店的风格相一致,放置在商品前面,令人赏心悦目,以增加消费者的购买欲。

实训操作

一、活动背景

上海立达便利有限责任公司智慧型商店根据门店经营的商品,在开业前完成所经营商品广告和二维码标签的制作,确保门店的正常经营。

二、实训资料

1. 商品广告图片制作

广告图片制作商品:女式礼服、男士西装、文具用品、饮料、工艺品、食品等。

2. 商品广告视频制作

广告视频制作商品:对应广告图片制作的商品。

3. 商品二维码标签制作

二维码标签制作商品:对应广告图片、广告视频制作的商品。

三、实训要求

每个门店的伙伴,根据上述实训资料进行商品广告图片、商品广告视频、商品二维码标签的制作,并由负责制作的伙伴采用 PPT 形式进行工作汇报。

实训评价

请每一家门店伙伴，就制作商品广告图片、商品广告视频、商品二维码标签的体验活动、PPT 工作汇报的情况进行自我测评，填写下列团队活动测评表。

团队活动测评表

测评内容	评判标准/分值	总分	自评分
体验活动情况	广告图片制作/好/15 分	15	
	广告图片制作/一般/10 分		
	广告图片制作/较差/5 分		
	广告视频制作/好/25 分	20	
	广告视频制作/一般/10 分		
	广告视频制作/较差/5 分		
	二维码标签制作/好/15 分	15	
	二维码标签制作/一般/10 分		
	二维码标签制作/较差/5 分		
PPT 专题汇报	PPT 设计制作/好/15 分	15	
	PPT 设计制作/一般/10 分		
	PPT 设计制作/较差/5 分		
	语言表达/好/15 分	15	
	语言表达/一般/10 分		
	语言表达/较差/5 分		
合作完成质量	达到目标/好/10 分	10	
	达到目标/一般/6 分		
	达到目标/较差/2 分		
团队协作精神	互助精神/好/10 分	10	
	互助精神/一般/6 分		
	互助精神/较差/2 分		
计　分			

指导教师评价表

评价项目	评价内容	评价意见
体验活动	公司设立;组织架构设计;岗位设置;岗位职责描述;团队协作精神;合作完成质量	
PPT专题汇报	PPT设计;PPT制作;文字描述;语言表达;总结	

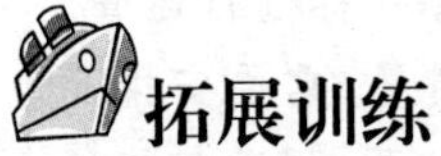

拓展训练

一、活动背景

A智慧便利有限责任公司和B智慧便利有限责任公司根据门店经营的商品,在开业前进行所经营商品广告和二维码标签的制作。

二、实训资料

A智慧便利有限责任公司根据门店经营的商品,在开业前完成女式礼服、男士西装、文具用品商品广告和二维码标签的制作,确保门店的正常经营。

B智慧便利有限责任公司根据门店经营的商品,在开业前完成女式礼服、男士西装、文具用品商品广告和二维码标签的制作,确保门店的正常经营。

三、实训要求

A智慧便利有限责任公司和B智慧便利有限责任公司根据门店经营的商品进行广告和二维码标签的制作,并由各公司代表进行PPT汇报。每个公司代表汇报后,由师生互评,共同评价。

汇报内容的具体要求如下:

1. 商品广告制作的要求与方法有哪些?
2. 二维码标签制作的原则与方法有哪些?

实训六 导购服务与门店促销

业务背景

导购是引导顾客促成购买的过程。促销是指运用心理与价格的各种因素,吸引顾客光临门店消费,提升营业额,增强公司的知名度。

上海立达便利有限责任公司智慧型商店根据门店的经营目标进行运营。在开业时,需要安排导购员引导消费者购物,提升门店服务质量,需要安排开业商品促销活动,吸引消费者,提高门店声誉,需要通过会员招募,提升门店经营效益。

实训目的

通过本单元的实训教学,学生可以了解导购员工作的主要内容,熟悉会员管理系统的操作方法,明确会员管理的基本作用,掌握商品促销与会员管理的基本能力。

实训环境

上海立达便利有限责任公司智慧型商店开业时,需要安排导购员引导消费者购物,提升门店服务质量,安排开业商品促销活动,吸引消费者,提高门店声誉,进行会员招募,提升门店经营效益。

实训课时

本单元实训课时为 3 学时。

操作指南

一、营业前的准备工作

1. 检查商品陈列的情况

陈列商品检查的要点：正面朝外勿倒置，能竖不躺上下齐，左小右大低到高，商品标价要对准，仓板摆放一条线，端头高度一条线，地堆四角一条线，纸箱开口一条线，前置陈列一条线，上下垂直一条线，排列方向一条线，标牌标志一条线。导购员要根据上述检查要点，对责任区的陈列商品进行整理。

2. 进行商品补货

导购员依据商品陈列的原则，按照端架、地堆、促销区、排面的顺序，依次对DM商品、促销商品、A类商品、普通商品进行整理，并将变质、破损、逾期的商品撤出货架。

3. 做好促销活动的准备工作

门店促销方法主要有以下三种：

(1)降价促销

降价促销是指公司基于一定的策略，利用产品降价，在一个时期内快速占领市场，提升市场占有率的促销行为（见图6—1）。导购员在降价促销期间，做好促销价签的准备工作，备足促销产品，布置促销现场，渲染促销气氛，并在营业时积极引导顾客消费。

(2)赠品促销

赠品促销是指公司基于一定的策略，利用顾客的消费心理，对某个商品实施馈赠，达到其销售额的大量提升的行为。赠品促销有两种形式：一是直接赠送，要求顾客消费达到一定金额的给予指定物品的赠送（见图6—2）；二是附加赠送，即赠品是随附一种商品一同进行销售，但赠品不收费。导购员在赠品促销期间，应备足赠品，如果采用附加赠送的形式，还要做好赠品与销售商品的组合，并在营业时积极引导顾客进行消费。

图6—1　欢迎选购

图6—2　新产品赠送

(3)换购促销

换购促销是指公司基于一定的策略，规定顾客购货达到一定金额后，可支付优惠价换购一件其他商品，以吸引顾客参与的特殊活动，达到商品的促销目的。导购员在换购促销期间，应积极做好宣传，布置相应的海报，引导顾客积极参与。

4. 清理门店

首先，导购员用扫帚打扫门店前的场地、车道等区域，清除地面的烟蒂、纸屑、痰迹、落叶等垃圾，并用水进行冲洗。其次，打扫店内的营业区和理货区，用推尘、玻璃刮、抹布和清洁剂对地面、门窗玻璃、广告、扶梯台阶和扶手等进行清理，保持门店的良好购物环境。

二、营业中的主要工作

1. 热情迎客

当顾客进入门店时，导购员向顾客微笑，亲切问候，并对来客进行45度鞠躬行礼。

2. 介绍商品

商品介绍的常用方法如下：

(1)引导法

引导法是指告诉顾客看产品要看哪些部分和怎么看。例如，介绍吸顶灯时，你要让顾客知道面罩怎么看(透光性、均匀、材质、设计、工艺、其他)，灯管怎么看(亮度、节能、显色性、寿命、材质、工艺等)，镇流器怎么看(无噪音、温升低、启动快、低辐射、寿命长及如何保护眼睛等)，底盘怎么看(材质、工艺、耐用程度等)，整个灯又是怎么看(各配件同一品牌、防伪、造型、安装使用、接线端子等细微之处)，并提醒顾客本产品的优势。

(2)体验法

体验法是指尽量通过顾客的体验，让其感受到产品的特质。例如，某节能灯的显色性能好，可与其他品牌对比，让顾客感觉灯光下显现出来的不同颜色，此时再做推荐。

(3)顺势法

顺势法是指介绍商品前要了解顾客的视点，再根据其视点介绍产品，例如，某顾客面对快餐食品货架时，导购员要能确定顾客在留意哪个产品，再根据顾客的需求介绍该产品，快速切入顾客的购买点。

(4)利益法

利益法是指推荐商品时，强调其物超所值，激发顾客的购买欲望。例如，介绍微波炉，有煮、烤、煎、蒸等功能，还有烹饪快、操作简单、安全卫生、使用便捷等特点，再结合白领的工作性质进行综合分析，能让顾客感到该商品的物超所值之处，从而产生购买的意愿。

3. 送客致谢

商品成交后，导购员有礼貌地向顾客道别致谢。例如，请拿好您的东西，谢谢，再见！欢迎再次光临！

三、下班前的主要工作

1. 送好顾客

营业时间临近结束乃至到关店的时间，只要店内还有顾客，便要耐心、认真、热情、细致地接待顾客，不得以任何理由和方式催促或怠慢顾客，直至送其离开。

2. 清点商品

对贵重商品及有要求的商品清点数量、对数，整理票据，必要时应核计销售，与收银员进行对数，并填入记录本内。将贵重商品、计算器、发票及其他贵重物品放入指定位置，并上锁。

3. 查看货架陈列商品

导购员如果发现货架上出现缺货、断货等情况，要填写补货单。如果发现货架上的商品出现空当，要及时拉好排面。

4. 清洁卫生

当顾客全部离开门店后开始清洁工作，清扫各自的卫生负责区，并将垃圾集中倒入垃圾袋。

四、导购员的用语与仪容仪表

1. 导购员的用语

导购基本用语见表6—1，服务情景用语见表6—2。

表6—1　　导购基本用语一览表

场　合	基本用语	态　度
顾客进店或近距离接触时	“您好”“欢迎光临”	主动点头、微笑
顾客来到店里或专柜前	“请随便看看”	礼貌、友善、可亲
被顾客呼唤时	“好的”“请稍等”	认真聆听顾客询问
提货给顾客时	“不好意思，让你久等了”	核对并恭敬地交给顾客
无法做到时	“对不起”	真实地向顾客解释
接待顾客时	“谢谢您”	随时随地尊敬顾客
顾客离开卖场时	“欢迎再次光临”	将顾客送至门口

表 6—2 服务情景用语一览表

情　景	语言表达
迎接顾客	欢迎光临;有什么需要帮助的吗
介绍商品	如果需要的话,我可以帮您参谋参谋;这几个牌子的商品都不错,请您看看;这种货品规格、型号、款式都比较适合您,请您试一下;您喜欢哪一种,这里有样品,可以打开试试看;这种是进口产品,价格虽然贵一点,但质量好,功能多,许多顾客都喜欢买;这种商品做工精细,价格便宜,您看看是否喜欢;这个品种还有几个款式,您再看一下;这种商品美观实用,价格不高,买回去送朋友或自己用都很好
顾客久等	让您久等了;对不起,让你们等候多时了
顾客稍等	对不起,请您稍候;好,我马上就来;麻烦您等一下
情形	很抱歉,您要的商品暂时无货,方便的话请留下您的姓名和联系电话,一有货马上通知您,好吗;实在很抱歉,过几天到货,请您抽空来看一看
招揽顾客	对不起,我可以占用一下您的时间吗;对不起,耽搁您的时间了
致歉顾客	很抱歉,打扰您了;实在对不起,给您添麻烦了
顾客致谢	请别客气,很高兴为您服务;不用客气,这是我应该做的
顾客致歉	没有关系的,请别客气
送客时	再见,一路平安!再见,欢迎您下次再来

2. 导购员的仪容仪表

导购员仪容仪表见表 6—3。

表 6—3 导购员仪容仪表一览表

内　容	女　性	男　性
服饰	着统一制服,保持干净、整齐,大方得体	着统一制服,扣好上衣扣,保持干净、整齐,口袋里不放太多东西
袜子	丝袜以肉色为宜,防寒时用黑色或深色,勤洗勤换	穿深色袜子,勤洗勤换
鞋子	鞋要有光泽,其他面料的鞋要鞋边保持干净,鞋跟不超过 5 厘米	皮鞋要有光泽,其他面料的鞋要鞋边保持干净
胸卡	端正地佩戴在左胸部	端正地佩戴在左胸部
头发	不油腻、无头屑,颜色协调,长度超过肩膀时应扎成马尾或发髻	保持干净,长度适中
手	保持干净,指甲不超过指尖,不涂深颜色指甲油	保持干净,指甲不超过指尖

续表

内　容	女　性	男　性
化妆	需化淡妆，不可浓妆艳抹，香水不要过浓	保持清爽
饰品	适当佩戴装饰品，但不要超过3件	不戴饰品
其他	保持口气清新	不留胡子，保持口气清新

五、门店会员管理

1. 会员卡

(1)会员卡的种类

会员卡分为以下两种：

普通会员卡是在开业前由门店在宣传时发放，或在门店支付30元费用可办理普通会员卡一张，或在门店一次性消费100元，凭小票可免费办理普通会员卡一张。普通会员卡有效期为两年，一年内满800积分，可免费再续卡一年。

白金会员卡是在门店一次性消费200元，凭小票可免费办理，普通会员卡持有人在门店一年累计积分800分，可升级为白金会员卡。白金会员卡有效期无限。

(2)会员卡积分

普通会员卡持有人在门店消费一元积一分，白金会员卡持有人在门店消费一元积两分。积分兑换6个月一次，兑换时间在每年的6月与12月，关于兑换的标准(见表6—4)门店会事先予以公告。门店在会员积分兑换后予以扣减，剩余积分继续有效。

表6—4　　门店积分兑换标准

序号	积分总额	兑换标准
1	100—150	价值30元精美礼品一份
2	150—250	价值40元精美礼品一份
3	250—350	价值50元精美礼品一份
4	350—450	价值60元精美礼品一份
5	450—500	价值70元精美礼品一份
6	500分以上	价值80元精美礼品一份

(3)会员卡申办

消费者申办会员卡时要填写会员申请表(见表6—5)。

表 6－5　　　　　　　　　　　　会员申请表　　　　　　　　　　申请日期：

卡　号			发卡日期		
姓　名		性　别		手　机	
身份证号			联系地址		
职　业	□学生	□老师	□管理人员	□员工	□其他
备　注					

2. 会员

(1)会员分类

会员分为普通会员和白金会员两类。普通会员卡持有人称之为普通会员，白金会员卡持有人称之为白金会员。

(2)会员推广

主要有两个途径：一是店内推广，开业期间免费赠送，鼓励消费者购买或一次性消费 100 元成为普通会员；二是店外推广，发展身边的同学、朋友、老师等成为普通会员。

(3)会员信息输入

步骤一：打开设备

将摄像头、电视(见图 6－3)、电脑(见图 6－4)同时打开，并确保能够正常运行。

图 6－3　配置人脸识别软件的电视机

图 6－4　配置人脸识别软件的计算机

步骤二：打开软件

双击打开计算机桌面上的人脸识别软件(见图 6－5)，电视机画面呈现人脸识别界面(见图 6－6)。

图 6-5　点击人脸识别软件

图 6-6　人脸识别界面

步骤三：设置软件

点击软件上面的“Regist”菜单(见图 6-7)，然后系统弹出对话框。

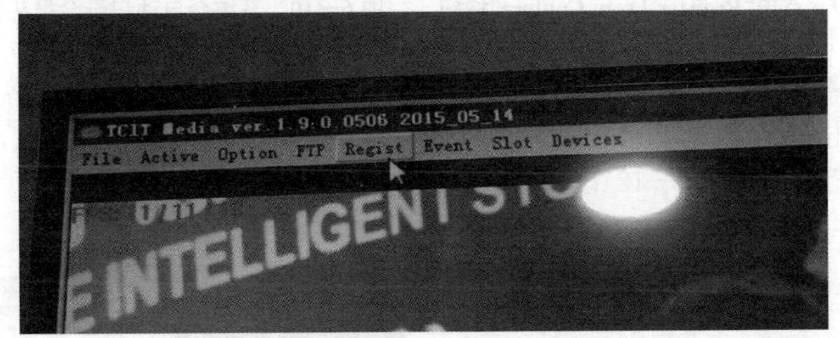

图 6-7　点击“Regist”菜单界面

步骤四：添加会员

在“Name”中输入用户名，在对话框中点击“Add”按钮(见图 6-8)，增加一个会员用户。每增加一个会员，按此步骤操作。

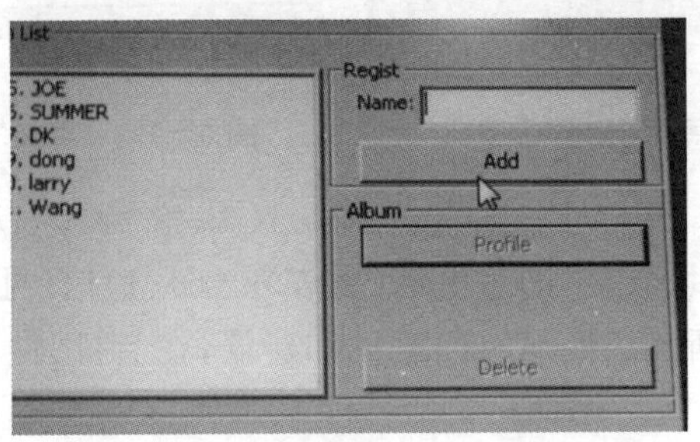

图 6-8　输入用户名点击“Add”界面

步骤五：添加人脸识别

选中已添加的会员用户，点击“Register From Capture”按钮(见图 6—9)。会员面对摄像头，系统会自动记录会员头像(见图 6—10)。

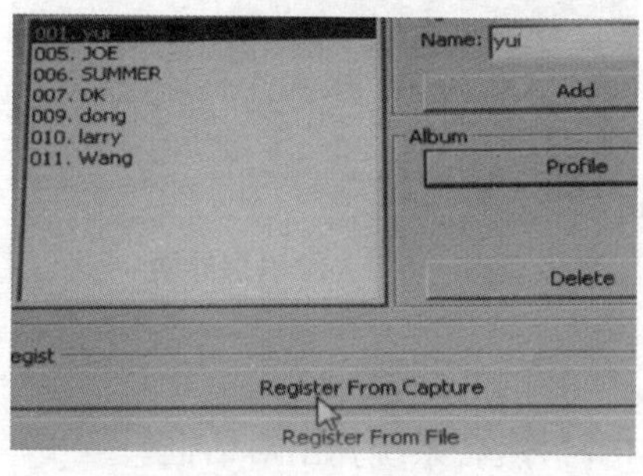

图 6—9 点击“Register From Capture”按钮

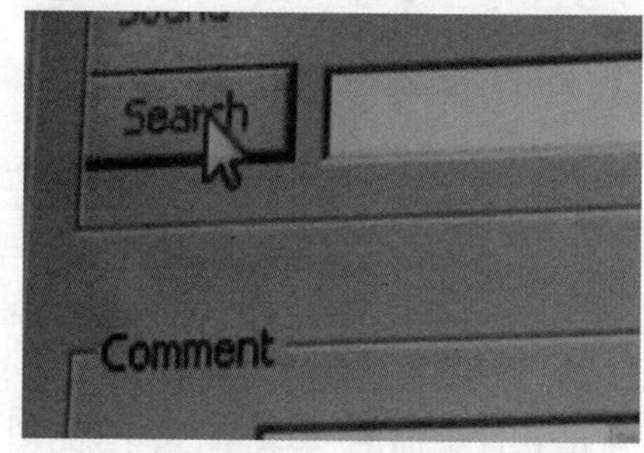

图 6—10 系统会自动记录会员头像

步骤六：会员音频添加

点击面板上的“Profile”按钮(见图 6—11)，弹出“Search”对话框，在点击“Search”按钮(见图 6—12)以后，选择该会员特有的欢迎音频文件，点击“打开”完成添加。

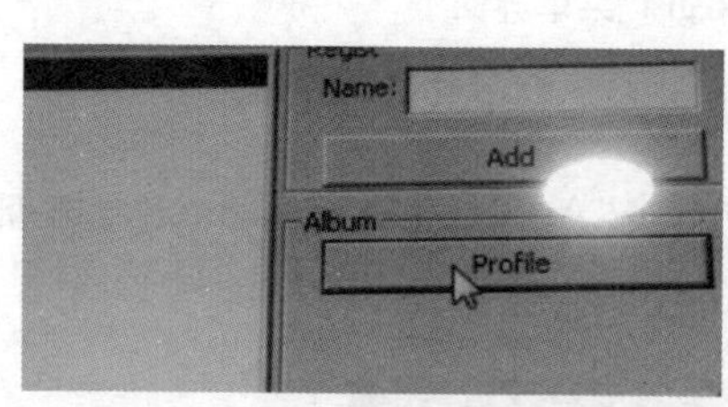

图 6—11 点击“Profile”按钮

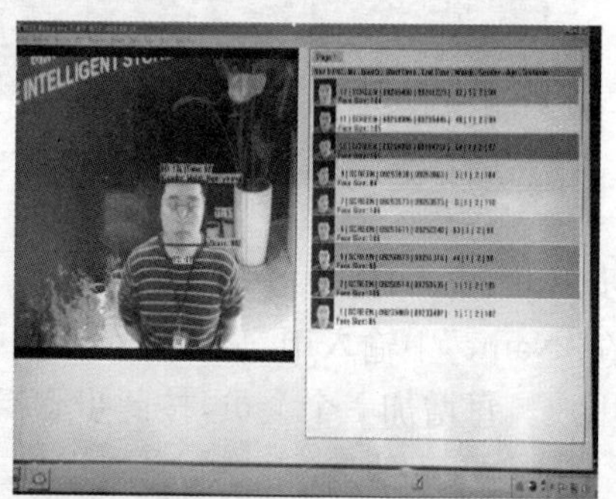

图 6—12 点击“Search”按钮

(4)新会员管理

每周统计上周新增会员，通过电话(见表 6—6)、短信(见表 6—7)等途径进行回访时，了解会员对所购买商品有何意见和建议，在节日、促销活动时告知其相关信息。

表 6—6　　电话回访流程及规范

回访步骤	回访操作规范
回访前准备	准备好用户档案资料、记录笔和本子，保持自已良好的心情

续表

回访步骤	回访操作规范
电话联络	您好！这里是上海立达智慧型商店
确认身份	您好，请问您是某同学吗？
自我介绍	您好，我是上海立达智慧型商店导购员小王
争取访谈机会	不好意思，打扰您几分钟，您上周在我们门店购买了某商品，想了解您使用的感受，您现在有时间吗？ 如果对方没有时间，稍后再联系
回访内容	您对我们的服务满意吗？ 您对我们的产品满意吗？ 针对您提的问题，我会马上汇报店长，尽快给您一个满意的答复 我们店近期有个促销活动，活动力度非常大，而且赠品非常精美，先到先得，送完即止，您有时间可以过来看看 我们店现在有批新款上市，有时间可以过来看看
结束	非常感谢您对我店的支持，希望您能给予我们更多的建议 非常感谢您的宝贵意见，我们会尽快解决，并及时给您回复！ （等客户先挂电话后再挂断，并填写回访记录表）

表 6—7　　短信维护流程及规范

维护环节	维护内容及规范
维护时间	元旦、春节、元宵节、中秋节、国庆节等节日问候 新品上市或促销活动期间 短信发送时间应在 9 点至 18 点之间为好
适宜对象	普通会员
短信内容	目的性明确，描述内容完整，文字简练，并注明门店名称

实训操作

一、活动背景

上海立达便利有限责任公司智慧型商店开业时，需要安排导购员引领消费者购物，提升门店服务质量，安排开业商品促销活动，吸引消费者，扩大门店声誉，进行会员招募，提高门店经营效益。

二、实训资料

1. 导购服务

介绍百货区域、食品区域、礼品区域、文具区域、服装区域、鞋帽区域中任何一件商品。

2. 会员信息输入

(1)夏青

职业:学生;身份证号:310106199408232816;手机:13917933388;联系地址:上海市浦东新区浦东南路2号

(2)王闽

职业:学生;身份证号:310106199410212816;手机:13917930381;联系地址:上海市黄浦区人民路2号

(3)王鑫

职业:老师;身份证号:310106198409293817;手机:13917912382;联系地址:上海市松江区车亭公路1788号

(4)李芳

职业:老师;身份证号:310106198110252616;手机:13917966382;联系地址:上海市松江区车亭公路1788号

(5)江涛

职业:老师;身份证号:310106199110222716;手机:13917943663;联系地址:上海市松江区中山路17号

(6)夏敏

职业:保安;身份证号:310106199802123816;手机:13917943612;联系地址:上海市松江区政业路88号

3. 开业商品促销活动

所有商品打7折;当日消费满200元送100元抵用券;当日消费满100元赠送普通会员卡一张。

三、实训要求

每个门店根据上述实训资料进行导购、会员信息输入和编制开业商品促销活动方案,由门店导购员、店经理、店长分别完成,并采用PPT形式进行相关工作汇报。

实训评价

请每一家门店导购员、店经理、店长，根据体验活动和 PPT 汇报的情况进行自我测评，填写下列团队活动测评表。

团队活动测评表

测评内容	评判标准/分值	总分	自评分
体验活动情况	导购服务/ 好/ 15 分	15	
	导购服务/ 一般/ 10 分		
	导购服务/ 较差/ 5 分		
	会员信息输入/ 好/ 15 分	15	
	会员信息输入/ 一般/ 10 分		
	会员信息输入/ 较差/ 5 分		
	促销方案/ 好/ 20 分	20	
	促销方案/ 一般/ 10 分		
	促销方案/ 较差/ 5 分		
PPT 专题汇报	PPT 设计制作/ 好/ 15 分	15	
	PPT 设计制作/ 一般/ 10 分		
	PPT 设计制作/ 较差/ 5 分		
	语言表达/ 好/ 15 分	15	
	语言表达/ 一般/ 10 分		
	语言表达/ 较差/ 5 分		
合作完成质量	达到目标/ 好/ 10 分	10	
	达到目标/ 一般/ 6 分		
	达到目标/ 较差/ 2 分		
团队协作精神	互助精神/ 好/ 10 分	10	
	互助精神/ 一般/ 6 分		
	互助精神/ 较差/ 2 分		
计　分			

指导教师评价表

评价项目	评价内容	评价意见
体验活动	公司设立;组织架构设计;岗位设置;岗位职责描述;团队协作精神;合作完成质量	
PPT 专题汇报	PPT 设计;PPT 制作;文字描述;语言表达;总结	

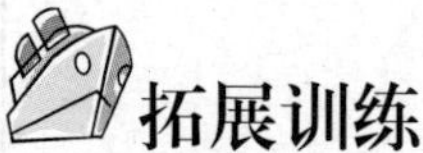

拓展训练

一、活动背景

A 智慧便利有限责任公司和 B 智慧便利有限责任公司在商店开业时,需要安排导购员引领消费者购物,安排开业商品促销活动,进行会员招募,提升门店声誉。

二、实训资料

A 智慧便利有限责任公司在商店开业时,需要安排导购员引领消费者购物,安排开业商品促销活动,进行会员招募,提升门店声誉。

1. 导购服务

介绍百货区域、食品区域、礼品区域、文具区域、服装区域、鞋帽区域中任何一件商品。

2. 会员信息输入

(1)夏青

职业:学生;身份证号:310106199408232816;手机:13917933388;联系地址:上海市浦东新区浦东南路 2 号

(2)王闽

职业:学生;身份证号:310106199410212816;手机:13917930381;联系地址:上海市黄浦区人民路 2 号

B 智慧便利有限责任公司在商店开业时,需要安排导购员引领消费者购物,安排开业商品促销活动,进行会员招募,提升门店声誉。

1. 导购服务

介绍百货区域、食品区域、礼品区域、文具区域、服装区域、鞋帽区域中任何一件商品。

2. 会员信息输入

(1)王鑫

职业:老师;身份证号:310106198409293817;手机:13917912382;联系地址:上海市松江区车亭公路1788号

(2)李芳

职业:老师;身份证号:310106198110252616;手机:13917966382;联系地址:上海市松江区车亭公路1788号

三、实训要求

A智慧便利有限责任公司和B智慧便利有限责任公司在商店开业时,安排导购员引领消费者购物,安排开业商品促销活动,进行会员招募,并由各公司代表进行PPT汇报。每个公司代表汇报后,由师生互评,共同评价。

汇报内容的具体要求如下:

1. 商品广告制作的要求与方法有哪些?

2. 二维码标签制作的原则与方法有哪些?

实训七　门店购物与收银方式

业务背景

收银是指在便利店、超市、商场等经营场所给顾客结账的过程。收银员是指在商业零售企业向顾客收取货款的工作人员，是门店主要工作岗位之一。电子钱包是小额支付的智能储值卡，持卡人预先在卡中存入一定的金额，交易时从储值账户中扣除交易金额，在电子商务购物活动中是一种常用的支付工具。

上海立达便利有限责任公司智慧型商店采取线上线下结合的O2O现代商业经营模式，在门店收银环节，不仅采用传统的现金和信用卡支付方式，还可使用电子钱包等支付工具。

实训目的

通过本单元的实训教学，学生可以了解门店线上线下购物的过程，熟悉收银机的操作流程与方法，明确电子钱包支付方式的基本作用，掌握现金、信用卡、电子钱包支付的操作技能。

实训环境

上海立达便利有限责任公司智慧型商店在日常运营中，收银员通过收银机、电子钱包等方式收取消费者的货款，还可为顾客的电子钱包进行充值，提供各种支付方面的服务。

实训课时

本单元实训课时为5学时。

操作指南

一、门店购物

1. 线上购物

智慧型商店提供 2 台 AIO(All-In-One)触控式导览购物机，可以浏览商品信息，直接下订单进行购物。具体操作如下：

(1)打开触控式导览购物机

在触控式导览购物机右侧，按下电源按钮(见图 7—1)，即刻启动。

图 7—1 触控式导览购物机开机

(2)打开导览购物系统

用手指点击触控式导览购物机界面上的导览购物系统(见图 7—2)，即刻打开系统界面，呈现商品分类界面(见图 7—3)。

图 7—2　点击导览购物系统软件

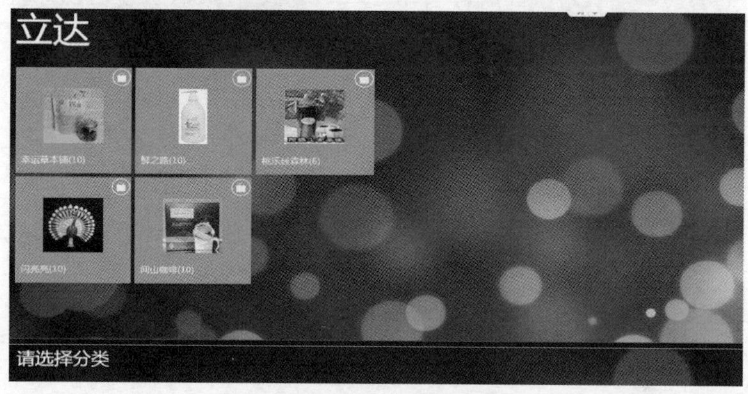

图 7—3　商品分类界面

(3)选择商品种类

在商品分类界面中,点击选择欲购物的商品种类(见图 7—4),出现商品列表界面(见图 7—5)。点击右下方的按钮,即刻返回商品分类界面。

图 7—4　选择商品种类界面

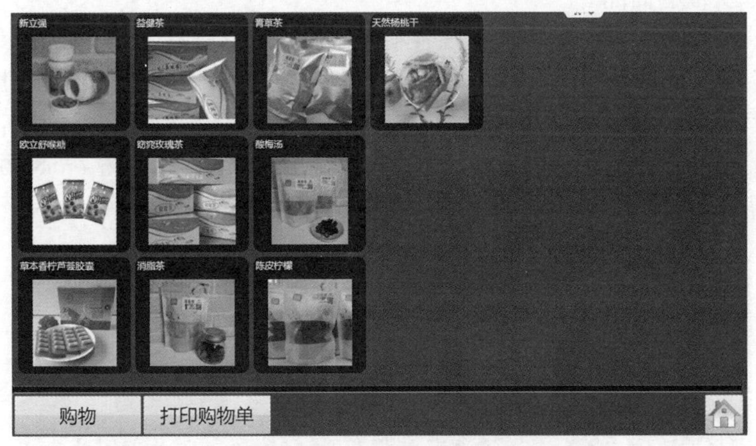

图 7—5　商品列表界面

(4)选择欲购商品

在商品列表界面中,点击选择欲购的商品(见图 7—6),打开该商品的界面。在画面的右方为商品详细图文介绍;在画面的左方,自动播放商品介绍的视频进行商品导览,可点击停止、播放按钮进行控制。如果有意购买该商品,可以点击下方[购买]按钮,将商品加入购物清单中。再点击一次[购买]按钮,可增加购买数量;点击[减量]按钮,则减少购买数量。点击[关闭]按钮,返回商品列表界面。

图 7—6 欲购商品介绍界面

(5)购买欲购商品

在点击[购买]按钮时,界面呈现各项商品的基本资料及售价。点击[+]按钮,增加购买数量;点击[-]按钮,减少购买数量(见图 7—7)。商品众多超出界面显示范围时,直接触摸界面,同时向左方移动,可以呈现出更多商品。当决定购买商品及数量之后,点击[打印购物单]按钮,界面显示订单编号(见图 7—8)并自动打印订单,点击[关闭]按钮,返回商品列表。

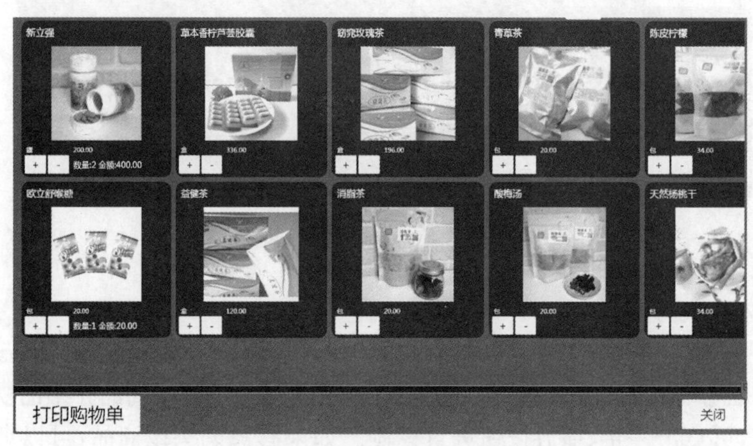

图 7—7 欲购商品界面

图 7—8　欲购商品订单号界面

2. 平板电脑与智能手机购物

(1)NFC 平板电脑与 NFC 智能手机原理

NFC 手机是指带有 NFC 模块的手机。带有 NFC 模块的手机可以做很多相应的应用。NFC 是 Near Field Communication 缩写,即近距离无线通信技术。2013 年 7 月 19 日,中国移动北京公司与北京市市政交通一卡通有限公司签署合作协议,联合发布"移动 NFC 手机一卡通"应用。从 7 月 22 日起,只要持有支持 NFC 功能的手机,并安装 NFC 一卡通专用 SIM 卡,在较多的大城市可以通过刷手机完成公交、地铁刷卡和超市餐饮等小额支付。

这个技术由免接触式射频识别(RFID)演变而来,由飞利浦半导体(现恩智浦半导体)、诺基亚和索尼共同研制开发,其基础是 RFID 及互联技术。近场通信是一种短距高频的无线电技术,在 13.56MHz 频率运行于 20 厘米距离内。其传输速度有 106 Kbit/秒、212 Kbit/秒或者 424 Kbit/秒三种。目前近场通信已成为 ISO/IEC IS 18092 国际标准、EMCA-340 标准与 ETSI TS 102 190 标准。NFC 采用主动和被动两种读取模式。

和传统的近距通信相比,近场通信(NFC)有天然的安全性,以及连接建立的快速性。苹果、三星、HTC、索尼、联想、魅族、小米等多个国内外品牌产品都有此项功能。具体对比如表 7—1 所示:

表 7—1　　　　NFC 与传统设备的区别

	NFC	蓝牙	红外
网络类型	点对点	单点对多点	点对点

续表

	NFC	蓝牙	红外
使用距离	≤0.1m	≤10m	≤1m
速度	106 212 424kbps 规划速率可达 868kbps 721kbps 11.5kbps	2.1Mbps	1.0Mbps
建立时间	≤0.1s	0.6s	0.5s
安全性	具备,硬件实现	具备,软件实现	不具备,使用 IRFM 时除外
通信模式	主动—主动/被动	主动—主动	主动—主动
成本	低	中	低

(2)NFC 平板电脑与 NFC 智能手机购物方法

首先,用 NFC 手机靠近由 NFC 卡制作成的标签(见图 7—9),手机上会弹出一个手机购物的窗口,点击加入购物车(见图 7—10),选择运送方式(见图 7—11),点击结账按钮,弹出对话框选择[是否会员](见图 7—12),以区别物品的折扣。

图 7—9 NFC 手机对准标签界面

图 7—10　加入购物车界面

图 7—11　选择运送方式界面

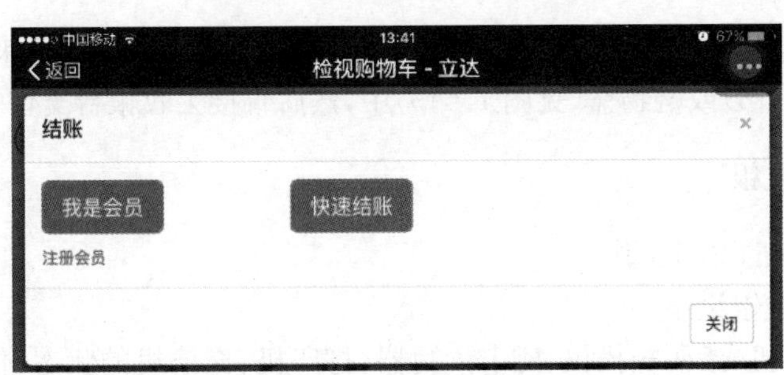

图 7—12　是否会员界面

然后，界面会弹出“选择付款方式”窗口（见图 7—13），若自行取货，可不填写订购人数据，如需要物流配送，则填写相关数据。最后，进入检视订单界面（见图 7—14），确认订单信息，确认无误后可以直接手机付款，也可以到收银台支付现金，或者电子钱包付款，支付完成以后，到取货窗口取货。

图 7—13　选择付款方式界面

图 7—14　检视订单界面

（3）普通平板电脑与智能手机扫描二维码购物方法

首先，打开手机或者平板电脑上的任意二维码扫描软件（如 QQ、微信等）（见图 7—15），将扫描窗口对准标签上的二维码（见图 7—16），系统自动跳转至该商品的购物界面（见图 7—17）。然后，点击加入购物车，接下去的步骤与 NFC 智能手机购物相同。

3. 线下购物

顾客在卖场货架陈列商品中选择欲购货物，将它从货架上取下来，直接放在购物车（见图 7—18）或购物篮（见图 7—19）中，然后直接去收银台支付货款。

二、门店收银

1. 营业前的准备工作

（1）检查收银设备

检查收银机、条码扫描仪、磁卡读写器、打印机、充值机的状态，保持网络的正常运行。

图 7—15　二维码扫描软件界面

图 7—16　扫描界面

图 7—17　购物界面

图 7—18　购物车

图 7—19　购物篮

(2)检查备用金与必备物品

准备好一定数量的备用金，按币值分类放入钱箱内，将空白收银纸、购物袋、记录本、笔、抹布、剪刀等放在指定位置，并了解当日特价与调价商品的名称与价格。

(3)做好环境清洁工作

清扫整理收银台和收银作业区，保持 POS 收银机、收银台及作业区的环境清洁。

(4)保持仪容仪表整洁

穿戴指定的工作服，整理服饰仪容，保持仪容仪表清爽整洁。

2. 营业中的主要工作

对前来支付货款的顾客致以微笑，并说“欢迎光临”。根据顾客选择的现金或信用卡或电子钱包支付方式进行结账，并双手提交收银条。收银结束后，向顾客道别致谢：“请拿好您的东西，谢谢，再见！” 收银机操作步骤如下：

第一步，开机与登录操作。

打开 UPS，打开收银机电源开关，进入“收银启动窗口”，点击“POS 系统”（见图 7—20）。

第二步，条形码扫描。

依次将每件商品的条形码正对激光平台或扫描器轻轻一扫（见图 7—21），听到“嘟”一声，商品信息即输入收银机。

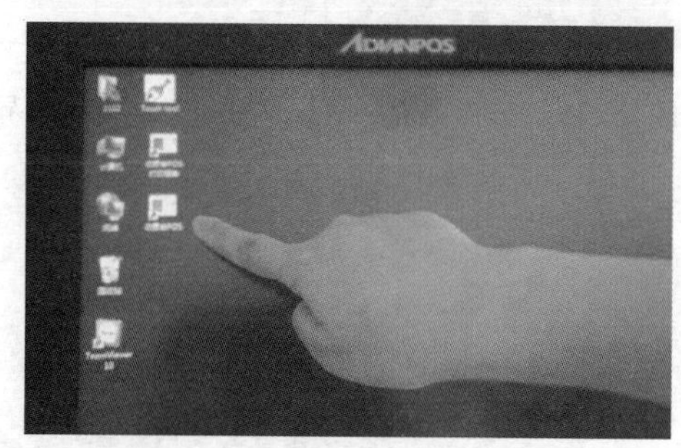

图 7—20 点击“POS 系统”界面

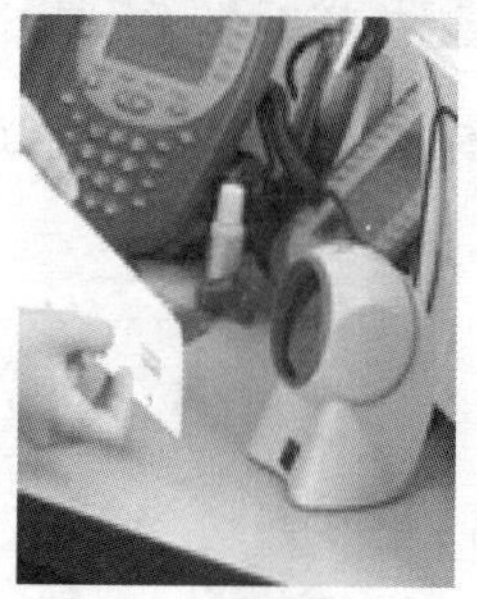

图 7—21 扫描支付

第三步，商品消磁。

对固定在商品上的防盗标签进行消磁，使用取钉器等工具将包装上的坚固标签除去（见图 7—22）。

第四步，收取货款。

根据计算机显示屏出现的金额向顾客收取货款，敲击数字键盘，打开钱箱（见图 7—23），放入钱币，进行找零，要防止假币。采用银行卡支付时，只要刷卡（见图 7—24），顾客输入银行卡密码即可。采用电子钱包支付时，点击收银机上的“电子钱包”（见图 7—25），将电子钱包放在读卡机上（见图 7—26），然后打印出小票（见图 7—27）。如果电子钱包内金额不足，可以打开计算机的“充值系统”（见图 7—28），在读卡机上进行充值（见图 7—29）。

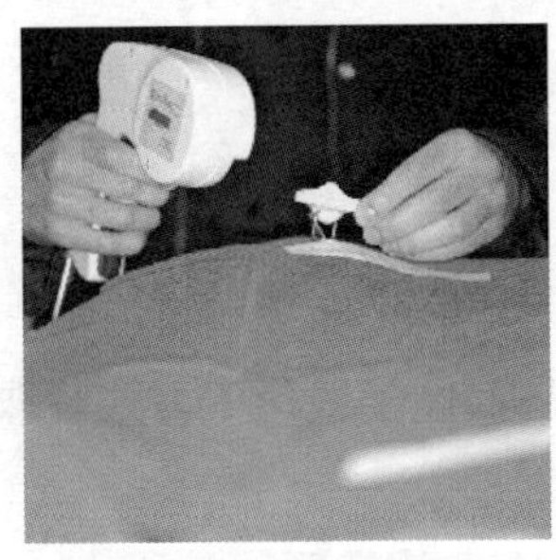

图 7—22 消磁界面

图 7—23 开箱界面

图 7—24 刷卡界面

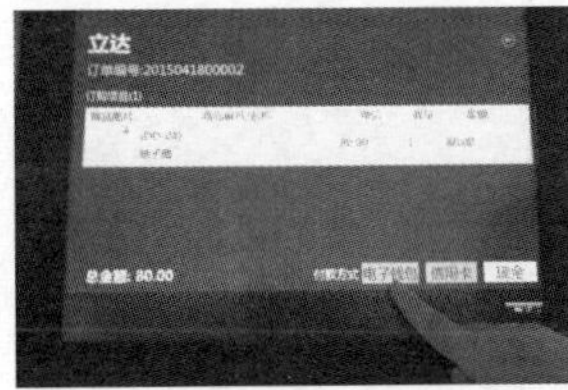

图 7—25 点击电子钱包界面

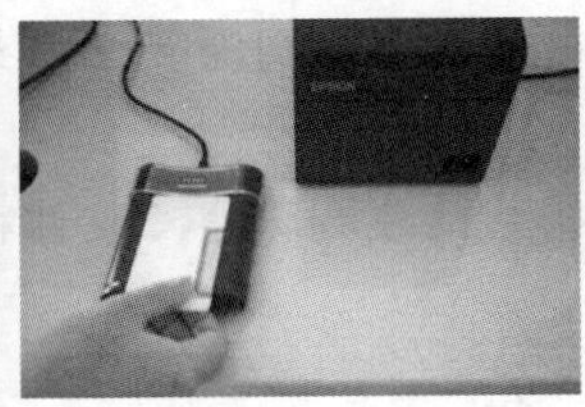

图 7—26 读卡支付

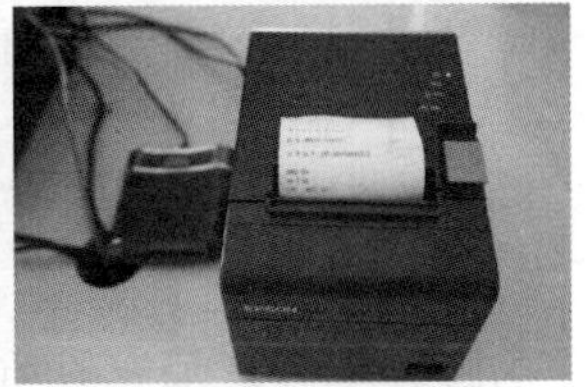

图 7—27 打印小票

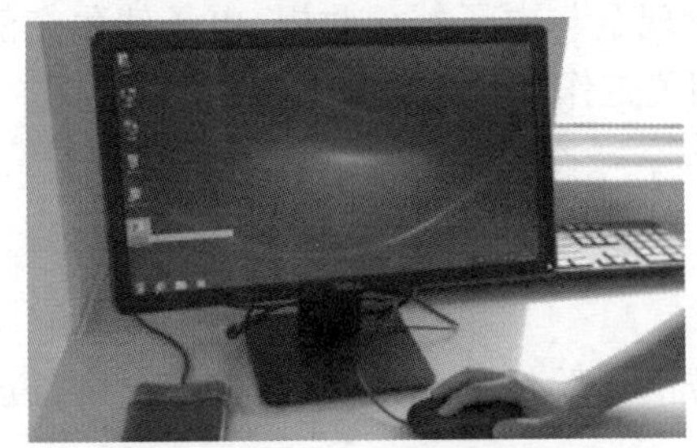

图 7—28 点击充值系统界面

图 7—29 读卡机充值

第五步，商品装袋。

商品装袋时应征求顾客的用袋意见，正确选择不同规格的购物袋，将商品分类装袋。

3. 结算营业款

填写各类报表，现金清点无误后按公司规定留用备用金，并放入门店保险箱内。如有损溢，报告店长进行处理并记录。

实训操作

一、活动背景

上海立达便利有限责任公司智慧型商店采用收银机、电子钱包等方式收取货款，为顾客的电子钱包进行充值，提供各方面的服务。

二、实训资料

1. 收银机操作

顾客夏青同学选购2瓶矿泉水、2支圆珠笔、1盒茶叶。

2. 电子钱包操作

顾客王闽同学选购1瓶奶茶、1支圆珠笔、1盒饮料。

3. 电子钱包充值操作

为顾客李芳老师充值200元。

三、实训要求

请每一家门店根据上述实训资料进行现金与电子钱包收银、电子钱包充值操作，并由门店收银员采用PPT形式进行相关工作汇报。

实训评价

请每一家门店的伙伴根据收银员岗位的体验活动和PPT汇报情况进行自我测评，填写下列团队活动测评表。

团队活动测评表

测评内容	评判标准/分值	总分	自评分
体验活动情况	收银机操作/ 好/ 15 分	15	
	收银机操作/ 一般/ 10 分		
	收银机操作/ 较差/ 5 分		
	电子钱包操作/ 好/ 15 分	15	
	电子钱包操作/ 一般/ 10 分		
	电子钱包操作/ 较差/ 5 分		
	电子钱包充值/ 好/ 15 分	15	
	电子钱包充值/ 一般/ 10 分		
	电子钱包充值/ 较差/ 5 分		
PPT 专题汇报	PPT 设计制作/ 好/ 15 分	15	
	PPT 设计制作/ 一般/ 10 分		
	PPT 设计制作/ 较差/ 5 分		
	语言表达/ 好/ 15 分	15	
	语言表达/ 一般/ 10 分		
	语言表达/ 较差/ 5 分		
合作完成质量	达到目标/ 好/ 15 分	15	
	达到目标/ 一般/ 10 分		
	达到目标/ 较差/ 5 分		
团队协作精神	互助精神/ 好/ 10 分	10	
	互助精神/ 一般/ 6 分		
	互助精神/ 较差/ 2 分		
计　分			

指导教师评价表

评价项目	评价内容	评价意见
体验活动	公司设立;组织架构设计;岗位设置;岗位职责描述;团队协作精神;合作完成质量	
PPT 专题汇报	PPT 设计;PPT 制作;文字描述;语言表达;总结	

拓展训练

一、活动背景

A智慧便利有限责任公司和B智慧便利有限责任公司采用收银机、电子钱包等方式收取货款，为顾客的电子钱包进行充值，提供各方面的服务。

二、实训资料

A智慧便利有限责任公司采用收银机、电子钱包等方式收取货款，为顾客的电子钱包进行充值，提供各方面的服务。

1. 收银机操作

顾客夏青同学选购1件衣服、2支牙膏、1盒饮料。

2. 电子钱包操作

顾客王闽同学选购1瓶奶茶、1双鞋、1条项链。

3. 电子钱包充值操作

为顾客小李充值100元。

B智慧便利有限责任公司采用收银机、电子钱包等方式收取货款，为顾客的电子钱包进行充值，提供各方面的服务。

1. 收银机操作

顾客小张同学选购1件衣服、1支牙膏、1支牙刷。

2. 电子钱包操作

顾客小李同学选购1瓶奶茶、1块肥皂、1条项链。

3. 电子钱包充值操作

为顾客小方充值150元。

三、实训要求

A智慧便利有限责任公司和B智慧便利有限责任公司采用收银机、电子钱包等方式收取货款，为顾客的电子钱包进行充值，并由各公司代表进行PPT汇报。每个公司代表汇报后，由师生互评，共同评价。

汇报内容的具体要求如下：

1. 收银形式与操作的方法有哪些？
2. 线上线下购物的形式与方法有哪些？

实训八　商品配送与库存管理

业务背景

配送是指根据客户要求，对物品进行拣选、加工，并按时送达指定地点的物流活动。拣选是指分拣员依据顾客的订单要求，迅速、准确地将商品从其储位或其他区位拣取出来，并按一定的方式进行分类、集中的作业过程。加工是指按客户的要求，进行包装、分割、计量、分拣、刷标志、拴标签、组装等简单作业。库存管理是指对仓储货物的收发、结存等活动的有效控制。

上海立达便利有限责任公司智慧型商店根据门店的经营目标，不仅为消费者提供良好的配送服务，还要在运营的过程中进行库存管理，提高门店经营效益。

实训目的

通过本单元的实训教学，学生可以了解商品配送与送货的区别，熟悉拣货的方式，明确库存管理的基本作用，掌握库存管理的基本技能。

实训环境

上海立达便利有限责任公司智慧型商店在经营的过程中不断需要对顾客需求的各种商品，在仓库进行拣货、配送。一个月后，还要对仓库的货物进行盘点。

实训课时

本单元实训课时为 5 学时。

操作指南

一、商品配送

1. 配送服务

配送是指在经济合理区域范围内，根据客户要求对物品进行拣选、加工、包装、分割、组配，并按时送达指定地点的物流活动。

2. 送货服务

送货是指产品送达顾客的服务过程。送货服务流程主要有以下三个阶段：

(1)送货准备阶段

主要内容有三个方面：一是确认送货时间、运输路线和落实运输车辆；二是检查货物与订货单是否相符，确认无误后装运货物，并准备有关票据；三是向主管汇报出发和归来的时间安排。

(2)运送货物阶段

保证交通安全，避免货物淋雨、受损。

(3)交付货物阶段

主要内容有三个方面：一是交付货物时，要让客户现场确认、检查货物，听取客户意见；二是客户在收货单和货物清单上签字；三是向客户表示谢意。

3. 自动分拣

在一些大的物流中心通常采用自动分拣系统(见图 8－1)，能在最短的时间内将这些商品卸下并按商品品种、货主、储位或发送地点进行快速准确的分类，将这些商品运送到指定地点，以便装车配送。

图 8－1　自动分拣系统

4. 人工分拣

(1)播种方式分拣

播种式分拣货物类似于田野中的播种操作,适于一些小的物流配送中心。具体做法是:将数量较多的同种货物集中运到发货处,再根据每个门店的发送量分别取出货物,并分别投放到每个代表门店的货位上。

(2)摘果方式分拣

摘果方式分拣就像在果园中摘果子那样去拣选货物,适于一些门店物流仓库。具体做法是: 作业人员按照配送单上所列的品种、规格、数量等,在仓库货架间巡回走动,将客户所需要的货物拣出并放入分拣箱内(见图 8－2)。

图 8—2　人工分拣

二、库存管理

1. 库存管理的内涵

库存管理是在服务经营过程中对物品进行管理和控制,使其储备保持在经济合理的水平上。库存管理的内容包含仓库管理与库存控制两个部分,涉及物料的出入库、物料的移动管理、库存盘点、库存物料信息分析等方面。

2. 库存管理的作用

主要有两方面:一是维持合理的库存,不仅能满足门店销售变化的需求,还可加速资金周转;二是采取合理的保管,可以保存商品的品质,减少损耗。

3. 仓库盘点

(1)仓库盘点的方法

仓库盘点是指对库存商品等进行清点,常用方法有账面盘点法与现货盘点法。

账面盘点就是把每天入库及出库货品的数量及单价记录在电脑或账簿上,而后不断地累计加总算出账面上的库存量及库存金额。

现货盘点就是实际去清点调查仓库内的库存数,再依货品单价计算出实际库存金额的方法。其按盘点时间频率的不同又可分为两种:一是期末盘点法,是指在会计计算期末统一清点所有物品的数量，通常采用分区、分组的方式进行，不同的区由专门的小组负责点数、复核和监督，等所有盘点结束后，再与电脑或账册上反映的账面数核对；循环盘点是指在每天、每周清点一小部分物品，一个循环周期将每种物品至少清点一次的方法，通常对价值高或重要的物品进行盘点的次数多，对价值低或不太重要的物品盘点的次数可以少。

(2)仓库盘点的步骤

第一步：仓库在每月指定时间，冻结一切库存的收、发、移动操作；

第二步：每一个存储区域安排盘点组长、盘点员和复核人员，由组长将盘点清单发放给每一位盘点人员；

第三步：由盘点员进行盘点，复核人员进行复核，对比库存账，比较差异，分析原因，做详细书面报告并提出差异调整申请。

第四步：仓库根据主管部门意见做库存差异调整。

4. 库存作业

(1)输入地址 10.11.97.1，进入进出货及库存管理系统；

(2)点击库存表，呈现库存表界面；

(3)点击[编辑]按钮，修改商品库存数据(见图 8—3)。

商品编号	商品名称	目前库存量	安全库存量	
0018	天然洗手乳	10	3	编辑
0025	餐具清潔乳	10	3	编辑
0032	蔬果清潔乳	10	3	编辑
1022	客卧专用喷喷乐	10	3	编辑
1046	厨房专用喷喷乐	8	3	编辑
5013	天然洗潔粉	10	3	编辑
5020	食物净化解毒粉	10	3	编辑
6010	茶树洁净洗发露	10	3	编辑
6027	玫瑰净妍洁面露	10	3	编辑

图 8—3　编辑界面

(4)修改商品库存数据后，按下[更新]按钮储存数据(见图 8—4)。

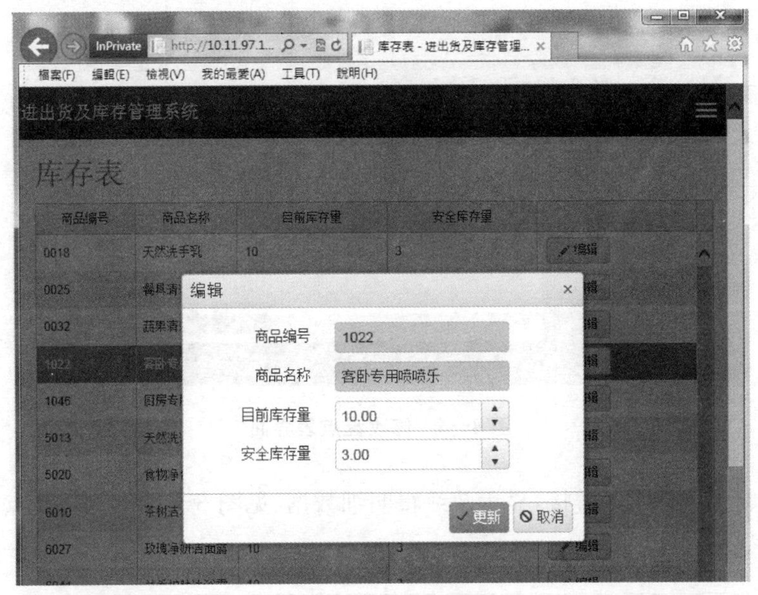

图 8—4　更新界面

(5)点击[新增]按钮,增加盘点表(见图 8—5)。

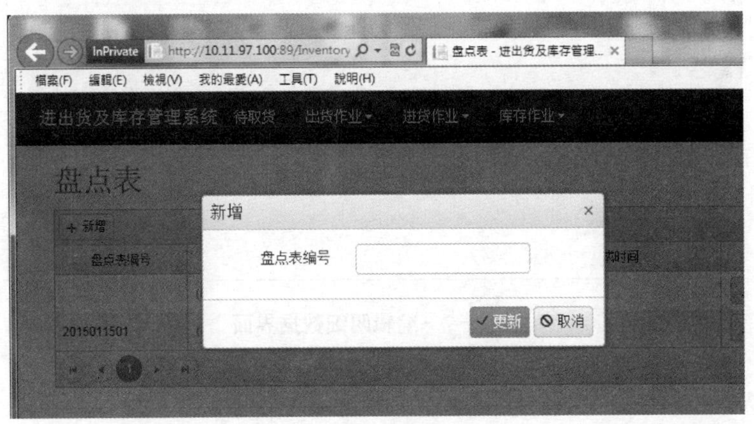

图 8—5　新增界面

(6)点击[编辑]按钮,修改盘点表(见图 8—6),点击[删除]按钮,删除盘点表。

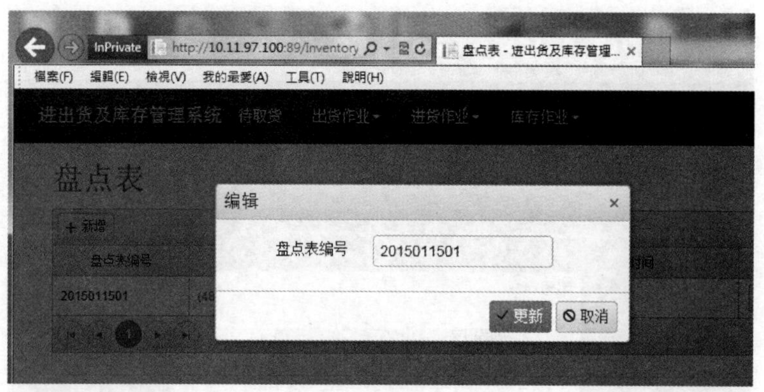

图 8—6 修改盘点表界面

(7)点击盘点明细链接,显示及编辑明细数据(见图 8—7),点击[盘点完毕]按钮,结束盘点。

商品编号	商品名称	库存量	实际盘点量	盘盈亏	最后更新时间	
0018	天然洗手乳	10	10	0	2015-01-16 22:48:48	编辑
0025	餐具清洁乳	10	8	-2	2015-01-16 22:49:00	编辑
0032	蔬果清洁乳	10	11	1	2015-01-16 22:49:11	编辑
1022	寝卧专用晒晒乐	10				编辑
1046	厨房专用晒晒乐	10				编辑
5013	天然洗涤粉	10				编辑

图 8—7 编辑明细数据界面

(8)点击[编辑]按钮,修改商品盘点数量数据(见图 8—8)。

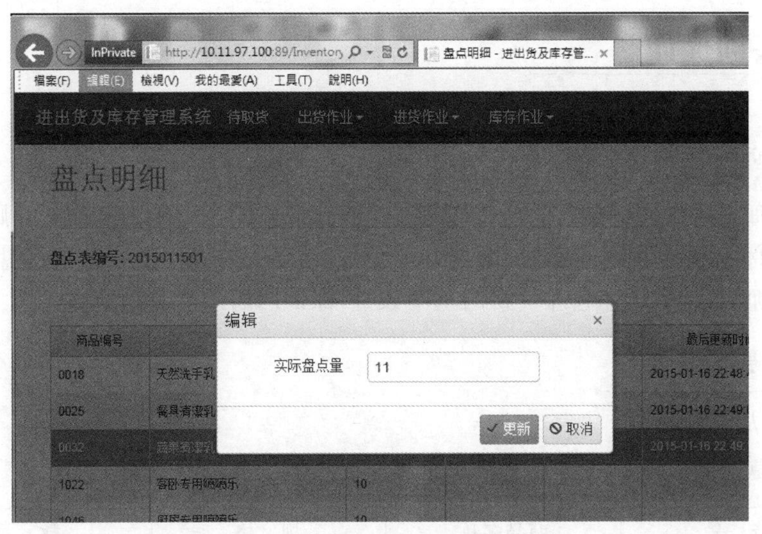

图 8—8　盘点数量数据修改界面

(9)修改盘点数量数据后，点击[更新]按钮，系统将自动计算并显示“低于安全库存量表”(见图 8—9)。

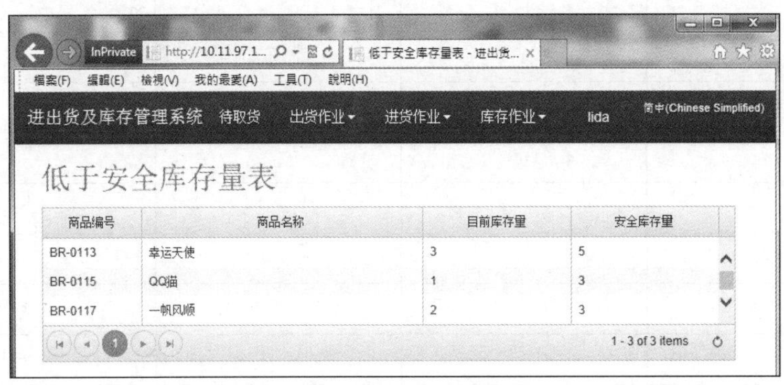

商品编号	商品名称	目前库存量	安全库存量
BR-0113	幸运天使	3	5
BR-0115	QQ猫	1	3
BR-0117	一帆风顺	2	3

图 8—9　低于安全库存量表界面

实训操作

一、活动背景

上海立达便利有限责任公司智慧型商店在经营的过程中不断需要对顾客需求的各种商品，在仓库进行拣货、配送。一个月后，还要对仓库的货物进行盘点，掌握库存的确切数据，确保仓库货物的基本数量，保证门店的商品供给。

二、实训资料

1. 人工拣货

智慧型商店在下周需要下列商品及数量：

货　号	商品名称	规　格	数　量

2. 仓库盘点

智慧型商店在上周销售了下列商品，具体信息如下：

货　号	商品名称	规　格	数　量

三、实训要求

请每一家门店根据上述实训资料进行拣货操作、仓库盘点，并由门店理货员采用 PPT 形式进行相关工作汇报。

实训评价

请每一家门店的伙伴根据理货员岗位的体验活动和 PPT 汇报情况进行自我测评，填写下列团队活动测评表。

团队活动测评表

测评内容	评判标准/分值	总分	自评分
体验活动情况	人工拣货操作/ 好/ 20 分	20	
	人工拣货操作/ 一般/ 10 分		
	人工拣货操作/ 较差/ 5 分		
	仓库盘点操作/ 好/ 20 分	20	
	仓库盘点操作/ 一般/ 10 分		
	仓库盘点操作/ 较好/ 5 分		
PPT 专题汇报	PPT 设计制作/ 好/ 15 分	15	
	PPT 设计制作/ 一般/ 10 分		
	PPT 设计制作/ 较差/ 5 分		
	语言表达/ 好/ 15 分	15	
	语言表达/ 一般/ 10 分		
	语言表达/ 较差/ 5 分		
合作完成质量	达到目标/ 好/ 20 分	20	
	达到目标/ 一般/ 10 分		
	达到目标/ 较差/ 5 分		
团队协作精神	互助精神/ 好/ 10 分	10	
	互助精神/ 一般/ 6 分		
	互助精神/ 较差/ 2 分		
计 分			

指导教师评价表

评价项目	评价内容	评价意见
体验活动	公司设立;组织架构设计;岗位设置;岗位职责描述;团队协作精神;合作完成质量	
PPT 专题汇报	PPT 设计;PPT 制作;文字描述;语言表达;总结	

拓展训练

一、活动背景

A 智慧便利有限责任公司和 B 智慧便利有限责任公司为保障门店经营的需求，根据配送单的要求进行拣货。一个月后，要对商店仓库的货物进行盘点。

二、实训资料

A 智慧便利有限责任公司为保障门店经营的需求，根据配送单的要求进行拣货。一个月后，要对商店仓库的货物进行盘点。

1. 人工拣货操作

A 智慧型商店配送单

货　号	商品名称	规　格	数　量

2. 仓库盘点

A 智慧型商店上周销售报表

货　号	商品名称	规　格	数　量

B 智慧便利有限责任公司为保障门店经营的需求，根据配送单的要求进行拣货。一个月后，要对商店仓库的货物进行盘点。

1. 人工拣货操作

B 智慧型商店配送单

货　号	商品名称	规　格	数　量

续表

货　号	商品名称	规　格	数　量

2. 仓库盘点

B智慧型商店上周销售报表

货　号	商品名称	规　格	数　量

三、实训要求

A 智慧便利有限责任公司和 B 智慧便利有限责任公司根据配送单的要求进行拣货，一个月后对商店仓库进行盘点，并由各公司代表进行 PPT 汇报。每个公司代表汇报后，由师生互评，共同评价。

汇报内容的具体要求如下：

1. 人工拣货的操作要求与方法有哪些？
2. 仓库盘点的方法与要求有哪些？

实训九　门店防损与安全管理

业务背景

防损是指防范门店各种非正常的损失。主要包括防止物品与经营设备被偷窃,防止门店电器设备的不安全所引起的灾害,防止设备导致员工或顾客意外受伤,防止商品的不合理损失。

上海立达便利有限责任公司智慧型商店根据门店的有关制度,对卖场内的设备与商品的安全负责,对防损安全工作进行管理,避免或减少企业的经济损失。

实训目的

通过本单元的实训教学,学生可以了解防损员岗位的基本职责,熟悉防损员的工作内容与工作要求,明确防损员工作的主要作用,掌握防损员工作的相关知识与技能。

实训环境

上海立达便利有限责任公司智慧型商店在经营的过程中为不断防范门店的非正常损失,要对门店陈列与仓库存储的商品、各种电器设备、收银设备进行日常检查与监督。

实训课时

本单元实训课时为3学时。

操作指南

一、防损器械使用管理

1. 对讲机的使用管理

(1)对讲机通讯频道一经设定,任何人不得更换;

(2)对讲机仅在执勤时使用,严禁将对讲机擅自带出执勤区域或转借他人;

(3)遵守上级主管优先通话、紧急事项优先通话的对讲机使用原则;

(4)接受通信信息要及时,回复信息须快捷,不得关闭对讲机;

(5)对讲机通话语言简洁明了,不得超过30秒,禁止讲与工作无关的事情;

(6)交接工作时要检查对讲机状况,并做好记录,如有损坏,照价赔偿。

2. 电警棍防卫器的使用管理

(1)电警棍防卫器只限防损人员在执行巡逻和特殊任务时佩带;

(2)电警棍防卫器由店长或防损主管进行专管,做好使用人员的记录;

(3)遇到打、砸、抢、聚众骚乱和对结伙斗殴事件制止无效时,可使用电警棍防卫器;

(4)夜间执勤发现现行犯罪和遭到犯罪分子袭击时,可使用电警棍防卫器;

(5)协助公安机关依法执行看管、逮捕、拘留,遇到抗拒时,可使用电警棍防卫器;

(6)防损人员在使用电警棍防卫器制止犯罪行为时,应当以制服对方为限度,当对方的犯罪行为得到制止时应立即停止使用。

二、电视监控技术系统管理

电视监控技术系统(见图9—1)是以电视传像技术为基础,通过遥控摄像机及其辅助设备,分别从各个角度监控录制大门、道路、卖场、仓库、电梯、办公室等处,获取被监控场所大量丰富的动态图像和声音信息,并将其传到监控中心显示和记录,是一种防范能力极强的安全防范技术系统。防损员负责开启电视监控,每天进行查看,遇有特殊情况,报告至店长。

1. 上岗前要清点、整理监控室内的办公用品,然后擦拭监视屏幕;
2. 打开录像机,检查运行情况,安装录像带并定时换带;
3. 保持坐姿端正,密切注视监视屏幕,观察商场的动态;
4. 通过监视屏幕发现商场内的异常情况时,要立即用对讲机通知店长;
5. 对当班期间发生的问题做好详细的交接班记录。

图 9—1 电视监控技术系统

三、消防安全管理

1. 消防器材使用

为加强商场发生火灾时的消防自救能力，必须配备必要的消防器材。主要包括手提式 CO_2 气体灭火器、消防扳手、消防斧、口罩、备用水带、水枪、消防桶等。

2. 灭火方法

灭火的方法主要有四种：一是冷却灭火法，通过降低燃烧物的温度达到灭火的目的；二是隔离灭火法，通过隔离与火源相近的可燃物质使火熄灭；三是窒息灭火法，通过降低空气中氧气的含量使火熄灭；四是抑制灭火法，消除燃烧过程中的游离基。

3. 报警方法

无论任何时候发生火情、燃烧异味、异响及不正常热感应，防损员有责任检查是否属险情，如为火警，应立即报警。电话报警时，必须告知的内容是：报警人的姓名和身份、火灾发生的具体地点、燃烧物质、火势大小、问清接报人的姓名。

四、电器管理

门店装置的电器主要包括计算机电器设备、照明设备。如图 9—2 至图 9—6

所示，每天开店时先打开电闸，再打开电器和照明设备，闭店时关闭电器和照明设备开关。

图 9—2　开门

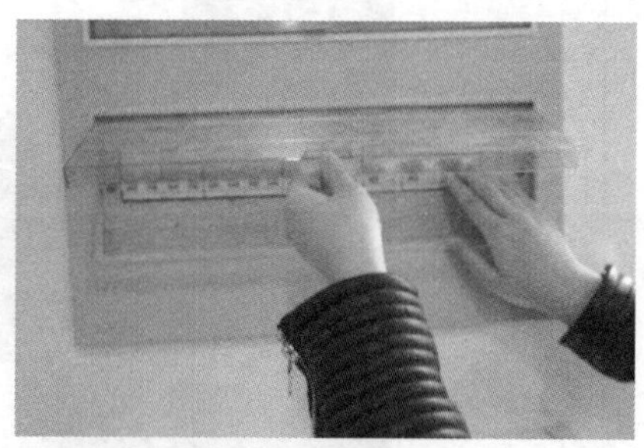
图 9—3　打开总电源

图 9—4　打开室内灯光电源

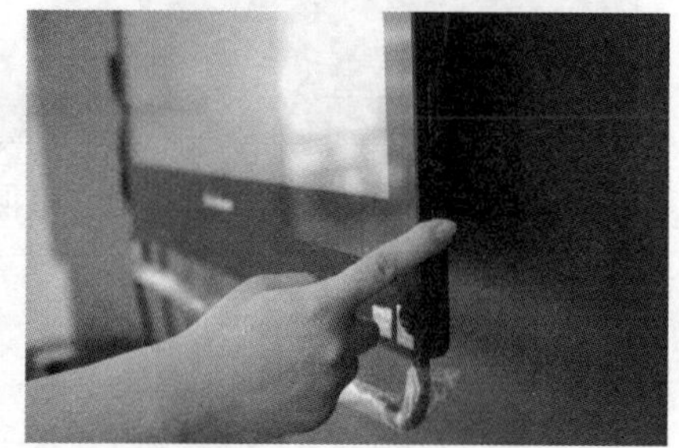
图 9—5　开启购物设备

图 9—6　开启收银设备

五、人员管理

1. 检查

(1)通过检查,使顾客勿擅自将未付款的物品带出门店;

(2)检查下班员工随身携带的物品,是否夹带与经营相关的物品。

2. 监管

(1)制止顾客携带与门店经营的同类商品进入;

(2)禁止顾客和其他无关人员进入员工通道物流配送处。

3. 人员疏散

发生火灾后,要进行人员疏散。疏散时要提醒顾客用湿毛巾、湿衣物等捂住口鼻,避免被烟气呛住导致窒息,直立行走呼吸困难时要弯腰或爬行前进。

实训操作

一、活动背景

上海立达便利有限责任公司智慧型商店在经营的过程中为不断防范门店的非正常损失,要对门店陈列与仓库存储的商品、各种电器设备、收银设备进行日常检查与监督。

二、实训资料

1. 商品检查

主要有三个方面:一是货架陈列商品的检查,二是物流仓库存储商品的检查,三是商品的防盗检查。

2. 设备检查

主要有三个方面:一是电器设备,包括人像识别系统设备、线上商品导览系统设备、收银支付系统设备、冷藏设备、电器开关等;二是陈列设备,包括卖场货架、存储货架、专卖店陈列设备等;三是其他设备,包括各种门、窗、广告箱等。

三、实训要求

请每一家门店根据上述实训资料进行防损检查,并由门店防损员采用 PPT 形式对检查的相关工作进行汇报。

实训评价

请每一家门店的伙伴根据防损员岗位的体验活动和 PPT 汇报情况进行自我测评，填写下列团队活动测评表。

团队活动测评表

测评内容	评判标准/分值	总分	自评分
体验活动情况	商品检查/ 好/ 20 分	20	
	商品检查/ 一般/ 10 分		
	商品检查/ 较差/ 5 分		
	设备检查/ 好/ 20 分	20	
	设备检查/ 一般/ 10 分		
	设备检查/ 较差/ 5 分		
PPT 专题汇报	PPT 设计制作/ 好/ 15 分	15	
	PPT 设计制作/ 一般/ 10 分		
	PPT 设计制作/ 较差/ 5 分		
	语言表达/ 好/ 15 分	15	
	语言表达/ 一般/ 10 分		
	语言表达/ 较差/ 5 分		
合作完成质量	达到目标/ 好/ 20 分	20	
	达到目标/ 一般/ 10 分		
	达到目标/ 较差/ 5 分		
团队协作精神	互助精神/ 好/ 10 分	10	
	互助精神/ 一般/ 6 分		
	互助精神/ 较差/ 2 分		
计　分			

指导教师评价表

评价项目	评价内容	评价意见
体验活动	公司设立;组织架构设计;岗位设置;岗位职责描述;团队协作精神;合作完成质量	
PPT 专题汇报	PPT 设计;PPT 制作;文字描述;语言表达;总结	

拓展训练

一、活动背景

A 智慧便利有限责任公司和 B 智慧便利有限责任公司在经营的过程中为不断防范门店的非正常损失,要对门店陈列与仓库存储的商品、各种电器设备、收银设备进行日常检查与监督。

二、实训资料

A 智慧便利有限责任公司在经营的过程中为不断防范门店的非正常损失,要对门店陈列与仓库存储的商品、各种电器设备、收银设备进行日常检查与监督。

1. 商品检查

主要有三个方面:一是货架陈列商品的检查,二是物流仓库存储商品的检查,三是商品的防盗检查。

2. 设备检查

主要有三个方面:一是电器设备,包括人像识别系统设备、线上商品导览系统设备、收银支付系统设备、冷藏设备、电器开关等;二是陈列设备,包括卖场货架、存储货架、专卖店陈列设备等;三是其他设备,包括各种门、窗、广告箱等。

B 智慧便利有限责任公司在经营的过程中为不断防范门店的非正常损失,要对门店陈列与仓库存储的商品、各种电器设备、收银设备进行日常检查与监督。

1. 商品检查

主要有三个方面:一是货架陈列商品的检查,二是物流仓库存储商品的检查,三是商品的防盗检查。

2. 设备检查

主要有三个方面:一是电器设备,包括人像识别系统设备、线上商品导览系统设备、收银支付系统设备、冷藏设备、电器开关等;二是陈列设备,包括卖场货架、存储货架、专卖店陈列设备等;三是其他设备,包括各种门、窗、广告箱等。

三、实训要求

A 智慧便利有限责任公司和 B 智慧便利有限责任公司根据防损员岗位的体验活动,由各公司代表进行 PPT 汇报。每个公司代表汇报后,由师生互评,共同评价。

汇报内容的具体要求如下:

1. 商品检查的方法和要求有哪些?
2. 设备检查的要求和方法有哪些?

实训十　报表编制与经营分析

业务背景

财务报表是以会计准则为规范编制，由资产负债表、损益表、现金流量表或财务状况变动表、财务报表附注所组成。通过对财务报表的分析，能掌握企业的经营状况，作为企业经营决策的基本依据。

上海立达便利有限责任公司智慧型商店经营了整整一年，根据会计准则编制财务报表并对其进行分析，制订门店经营相关策略。

实训目的

通过本单元的实训教学，学生可以了解财务报表的含义，熟悉财务报表的构成，明确财务报表的主要作用，掌握财务报表的编制方法与要求，具备对财务报表的分析与应用能力。

实训环境

上海立达便利有限责任公司智慧型商店经营了整整一年，根据会计准则为其编制财务报表并对财务报表进行分析，制订相关经营策略。

实训课时

本单元实训课时为 3 学时。

操作指南

一、财务报表的含义

财务报表是以会计准则为规范编制的，向所有者、债权人、政府及其他有关各方及社会公众等外部反映会计主体财务状况和经营的会计报表。

二、财务报表的构成

财务报表由资产负债表、损益表、现金流量表或财务状况变动表、所有者权益变动表、财务报表附注所组成。

1. 资产负债表

资产负债表是指反映企业在某一特定日期的财务状况的报表。其总体反映企业资产、负债及资本的期末状况，以及长期偿债、短期偿债和利润分配的能力。

2. 损益表

损益表又称利润表，是指反映企业在一定会计期间的经营成果的报表。其反映本期企业收入、费用和应该记入当期利润的利得和损失的金额和结构情况。

3. 现金流量表

现金流量表又称为财务状况变动表，是反映企业在一定会计期间现金和现金等价物流入和流出的报表。我国企业现金流量表采用报告式结构，分类反映经营活动产生的现金流量、投资活动产生的现金流量和筹资活动产生的现金流量，最后汇总反映企业某一期间现金及现金等价物的净增加额。

(1)经营活动产生的现金流量

经营活动是指企业投资活动和筹资活动以外的所有交易和事项。经营活动产生的现金流量主要包括销售商品或提供劳务、购买商品、接受劳务、支付工资和交纳税款等流入和流出的现金和现金等价物。

(2)投资活动产生的现金流量

投资活动是指企业长期资产的购建和不包括在现金等价物范围内的投资及其处置活动。投资活动产生的现金流量主要包括购建固定资产、处置子公司及其他营业单位等流入和流出的现金和现金等价物。

(3)筹资活动产生的现金流量

筹资活动是指导致企业资本及债务规模和构成发生变化的活动。筹资活动产生的现金流量主要包括吸收投资、发行股票、分配利润、发行债券、偿还债务等流入和流出的现金和现金等价物。偿付应付账款、应付票据等商业应付款等属于经营活动，不属于筹资活动。

4. 所有者权益变动表

所有者权益变动表也称股东权益变动表，是反映构成所有者的各组成部分当期的增减变动情况的报表。所有者权益变动表应当全面反映一定时期所有者的变动情况，不仅包括总量的增减变动，还包括增减变化的重要结构性信息，让报表使用者准确理解所有者权益变动的根源。

5. 财务报表附注

财务报表附注是为了便于财务报表使用者理解财务报表的内容而对财务报表的编制基础、编制依据、编制原则和方法及主要项目等所做的解释。一般包括七个项目:企业的基本情况、财务报表编制基础、遵循企业会计准则的声明、重要会计政策和会计估计、会计政策、会计估计变更及差错更正的说明、重要报表项目的说明。

三、财务报表的编制

1. 资产负债表的编制

资产负债表的编制方法如下:

(1)根据总账科目余额填列

如“应收票据”“交易性金融资产”“短期借款”“应付票据”“应付职工薪酬”等项目,根据“应收票据”“交易性金融资产”“短期借款”“应付票据”“应付职工薪酬”各总账科目的余额直接填列。有些项目则需根据几个总账科目的期末余额计算填列。

(2)根据明细账科目余额计算填列

如“应付账款”项目,需要根据“应付账款”和“预付款项”两个科目所属的相关明细科目的期末贷方余额计算填列。“应收账款”项目,需要根据“应收账款”和“预收款项”两个科目所属的相关明细科目的期末借方余额计算填列。

(3)根据总账科目和明细账科目余额分析计算填列

“长期借款”项目,需要根据“长期借款”总账科目余额扣除“长期借款”科目所属的明细科目中将在一年内到期且企业不能自主地将清偿义务展期的长期借款后的金额计算填列。

(4)根据有关科目余额减去其备抵科目余额后的净额填列

如资产负债表中的“应收账款”“长期股权投资”“在建工程”等项目应根据“应收账款”“长期股权投资”“在建工程”等科目的期末余额减去“坏账准备”“长期股权投资减值准备”“在建工程减值准备”等科目余额后的净额填列。“固定资产”项目应根据“固定资产”科目的期末余额减去“累计折旧”“固定资产减值准备”备抵科目余额后的净额填列。“无形资产”项目应根据“无形资产”科目的期末余额,减去“累计摊销”“无形资产减值准备”备抵科目余额后的净额填列。

2. 损益表的编制

损益表编制的步骤如下:

步骤一:以营业收入为基础,减去营业成本、税金及附加、销售费用、管理费用、财务费用、资产减值损失,加上公允价值变动收益(减去公允价值变动损失)和投资收益(减去投资损失),计算出营业利润。

步骤二:以营业利润为基础,加上营业外收入,减去营业外支出,计算出利润总额。

步骤三:以利润总额为基础,减去所得税费用,计算出净利润(或亏损)。普通股或潜在普通股已公开交易的企业,以及正处于公开发行普通股或潜在普通股过程中的企业,还应当在利润表中列示每股收益信息。

3. 现金流量表的编制

企业应当采用直接法列示经营活动产生的现金流量。

直接法是指通过现金收入和现金支出的主要类别列示经营活动的现金流量。采用直接法编制经营活动的现金流量时,一般以利润表中的营业收入为起算点,调整与经营活动有关的项目的增减变动,然后计算出经营活动的现金流量。采用直接法具体编制现金流量表时,可以采用工作底稿法或T型账户法,也可以根据有关科目记录分析填列。

4. 所有者权益变动表的编制

年初数按照去年年末数填列。在年初数的基础上加减本年提取盈余公积、向投资者分配的利润和当年净利润,得出年末数。

5. 财务报表附注

财务报表附注是为了便于财务报表使用者理解财务报表的内容而对财务报表的编制基础、编制依据、编制原则和方法及主要项目等所做的解释。一般包括七个项目:企业的基本情况、财务报表编制基础、遵循企业会计准则的声明、重要会计政策和会计估计、会计政策、会计估计变更及差错更正的说明、重要报表项目的说明。

四、财务报表的分类

1. 以编报时间区分

分为月报、季报和年报。

2. 以编制单位区分

可以分为单位报表和汇总报表。

3. 以服务对象区分

(1)对外报表

对外报表是企业必须定期编制、定期向上级主管部门、投资者、财税部门、债权人等报送或按规定向社会公布的财务报表。这是一种主要的、定期的、规范化的财务报表。它要求有统一的报表格式、指标体系和编制时间等,资产负债表、利润表和现金流量表等均属于对外报表。

(2)内部报表

内部报表是企业根据其内部经营管理的需要而编制的,供其内部管理人员使用的财务报表。它不要求统一格式,没有统一的指标体系,如成本报表属于内部报表。

4. 以报表所提供会计信息的重要性区分

(1)主表

主表即主要财务报表,是指所提供的会计信息比较全面、完整,能基本满足各种信息需要者的不同要求的财务报表。现行的主表主要有三张,即资产负债表、利润表和现金流量表。

(2)附表

附表即从属报表,是指对主表中不能或难以详细反映的一些重要信息所做的补充说明的报表。现行的附表主要有:利润分配表和分部报表,是利润表的附表;应交增值税明细表和资产减值准备明细表,是资产负债表的附表。主表与有关附表之间存在着钩稽关系,主表反映企业的主要财务状况、经营成果和现金流量,附表则对主表进一步补充说明。

5. 以编制和报送的时间区分

(1)中期财务报表

广义的中期财务报表包括月份、季度、半年期财务报表。狭义的中期财务报表仅指半年期财务报表。

(2)年度财务报表

年度财务报表是全面反映企业整个会计年度的经营成果、现金流量情况及年末财务状况的财务报表。企业每年年底必须编制并报送年度财务报表。

6. 以编报单位区分

(1)基层财务报表

基层财务报表由独立核算的基层单位编制,是用以反映本单位财务状况和经营成果的报表。

(2)汇总财务报表

汇总财务报表是指上级和主管部门将本身的财务报表与其所属单位报送的基层报表汇总编制而成的财务报表。

7. 以编报的会计主体区分

(1)个别报表

个别报表是指在以母公司和子公司组成的具有控股关系的企业集团中,由母公司和子公司各自为主体分别单独编制的报表,用以分别反映母公司和子公司本身各自的财务状况和经营成果及现金流量的情况。

(2)合并报表

合并报表是以母公司和子公司组成的企业集团为一会计主体,以母公司和子公司单独编制的个别财务报表为基础，由母公司编制的综合反映企业集团经营成果、财务状况及其资金变动情况的财务报表。

8. 以企业资金运动形态区分

(1)静态报表

静态报表是指某一时点的报表。

(2)动态报表

动态报表是持续不断改变的报表。

五、财务报表的应用

1. 基本公式

权益净利率＝净经营资产净利率＋(净经营资产净利率－税后利息率)×净财务杠杆

＝净经营资产净利率＋经营差异率×净财务杠杆

＝净经营资产净利率＋杠杆贡献率

＝税后经营净利率×净经营资产周转次数＋杠杆贡献率

2. 主要财务比率计算及关系

A. 税后经营净利率＝税后经营净利润/销售收入

B. 净经营资产周转次数＝销售收入/净经营资产

C. 净经营资产净利率＝税后经营净利润/净经营资产＝(A×B)

D. 税后利息率＝税后利息费用/净负债

E. 经营差异率＝净经营资产净利率－税后利息率＝(C－D)

F. 净财务杠杆＝净负债/股东权益

G. 杠杆贡献率＝经营差异率×净财务杠杆＝(E×F)

H. 权益净利率＝(C＋G)

六、财务报表的要求

1. 数字真实

财务报表中的各项数据必须真实可靠，如实地反映企业的财务状况、经营成果和现金流量。这是对会计信息质量的基本要求。

2. 内容完整

财务报表应当反映企业经济活动的全貌，只有全面反映企业的财务状况和经营成果，才能满足各方面对会计信息的需要。凡是国家要求提供的财务报表，各企业必须全部编制并报送，不得漏编和漏报。凡是国家统一要求披露的信息，都必须披露。

3. 计算准确

日常的会计核算以及编制财务报表，涉及大量的数字计算，只有准确地计算，才能保证数字的真实可靠。这就要求编制财务报表必须以核对无误后的账簿记录和其他有关资料为依据，不能使用估计或推算的数据，更不能以任何方式弄虚作假，玩数字游戏或隐瞒谎报。

4. 报送及时

及时性是信息的重要特征，财务报表信息只有及时地传递给信息使用者，才能为使用者的决策提供依据。否则，即使是真实可靠和内容完整的财务报告，由于编制和报送不及时，对报告使用者来说，就大大降低了会计信息的使用价值。

5. 手续完备

企业对外提供的财务报表应加具封面、装订成册、加盖公章。财务报表封面上应当注明：企业名称、企业统一代码、组织形式、地址、报表所属年度或者月份、报出日期，并由企业负责人和主管会计工作的负责人、会计机构负责人（会计主管人员）签名并盖章；设置总会计师的企业，还应当由总会计师签名并盖章。

由于编制财务报表的直接依据是会计账簿，所有报表的数据都来源于会计账簿，因此为保证财务报表数据的正确性，编制报表之前必须做好对账和结账工作，做到账证相符、账账相符、账实相符以保证报表数据的真实准确。

七、财务报表的经营分析

1. 分析的内容

可从以下六个方面发现企业存在的问题或做出判断：

(1)看利润表

对比相邻两年的收入，看其增长是否在合理的范围内。像银广夏事件，利润表上现年比上年增加几百个百分点，这就是不可信的，问题非常明显。那些增长点在50%—100%之间的企业，都要特别关注。

(2)看企业的坏账准备

有些企业的产品销售出去，但款项收不回来，但它在账面上却不计提或提取不足，这样的收入和利润就是不实的。

(3)看长期投资是否正常

有些企业在主营业务之外会有一些其他投资，看这种投资是否与其主营业务相关联，如果不相关联，那么，这种投资的风险就很大。

(4)看其他应收款是否清晰

有些企业的资产负债表上，其他应收款很乱，许多陈年老账都放在里面，有很多是收不回来的。

(5)看是否有关联交易

尤其注意年中大股东向上市公司借钱，到年底再利用银行借款还钱，从而在年底报表上无法体现大股东借款的做法。

(6)看现金流量表是否能正常地反映资金的流向

注意今后现金注入和流出的原因和事项。

2. 分析的方法

(1)因素分析法

因素分析法是分析某些因素对财务指标的影响程度。

【例 1】 某公司 2014 年和 2015 年有关指标如下表所示：

指标名称	2014 年	2015 年
销售净利率(%)	12	11
总资产周转率(次)	0.5	0.4
权益乘数(倍)	1.5	2.5
净资产收益率(%)	9	11

要求：用因素分析法计算该公司净资产收益率变动的原因，并做简要分析。

净资产收益率增长＝11%－9%＝2%，其原因是：

①销售净利率下降导致净资产收益率变动＝(11%－12%)×0.5×1.5
＝－0.75%；

②总资产周转率下降导致净资产收益率变动＝11%×(0.4－0.5)×1.5
＝－1.65%；

③权益乘数扩大导致净资产收益率变动＝11%×0.4×(2.5－1.5)＝4.4%

合计 2%

分析：该公司净资产收益率上升 2%的主要原因是扩大负债；而负债的增加会导致企业更大的财务风险，要注意。另外，从销售净利率和总资产周转率看，前者导致下降 0.75%，后者导致下降 1.65%。说明企业盈利状况和资金周转都存在较大的问题。

(2)比较分析法

可以是实际和计划比较、当期和上期比较或者和竞争者比较。通过比较分析，可以阐明企业各项财务指标的数量关系及不同，为后期的分析提供基础。

【例 2】 承【例 1】。

要求：用比较分析法分析该公司净资产收益率的变动。

指标名称	2014 年	2015 年	上升或下降
销售净利率(%)	12	11	−1
总资产周转率(次)	0.5	0.4	−q,1
权益乘数(倍)	1.5	2.5	1.0
净资产收益率(%)	9	11	2

通过比较分析法，可以明显得出与因素分析法相同的结论。只是，它不能说明上升或下降引起变动的具体幅度。

(3)趋势分析法

通过趋势分析可以知道企业财务经营的变化情况，为预测未来发展方向提供帮助。例如上例中，如果我们能收集到更多年度的数据，比如，5 年或更多，则可以进行趋势分析。

(4)比率分析法

通过比率分析可以掌握企业财务情况和经营现状，在实际运用中，比率分析法一般要结合比较分析法和趋势分析法。

常见的比率有：

A. 流动比率＝流动资产÷流动负债

B. 资产负债率＝负债÷资产

C. 总资产周转率＝销售收入÷平均总资产

D. 销售毛利率＝(销售收入－销售成本)÷销售收入

E. 销售净利率＝净利润÷销售收入

F. 净资产收益率＝净利润÷平均净资产

G. 权益乘数＝总资产÷所有者权益

实训操作

一、实训资料

上海立达便利有限责任公司智慧型商店 2015 年有关资料如下：

1. 资产负债表

上海立达便利有限责任公司智慧型商店资产负债表(简表)

2015 年 12 月 31 日

资产	期末余额	期初余额	负债和所有者权益	期末余额	期初余额
货币资金	3 000	2 000	短期借款	4 000	4 000
应收账款	7 500	7 000	应付账款	6 000	6 000
存货	9 500	9 000	流动负债合计	10 000	10 000
流动资产合计	20 000	18 000	长期借款	20 000	20 000
固定资产	70 000	70 000	实收资本	50 000	50 000
无形资产	10 000	10 000	留存收益	20 000	18 000
资产总计	100 000	98 000	权益总计	100 000	98 000

2. 利润表

上海立达便利有限责任公司智慧型商店利润表(简表)

2015 年

项　目	本期金额	上期金额
一、营业收入	48 200	40 960
减:营业成本	32 170	29 850
销售费用	2 750	1 560
税金及附加	480	330
管理费用	5 830	4 360
财务费用	3 180	1 670
二、营业利润	3 790	3 190
加:营业外收入	180	200
减:营业外支出	710	480
三、利润总额	3 260	2 910
减:所得税费用	815	720
四、净利润	2 445	2 190

二、实训要求

请每一家门店根据上述实训资料对以上报表进行偿债能力、盈利能力和运营能力分析,并做出简要评价。

实训评价

请每一家门店的伙伴根据报表分析的体验活动和PPT汇报情况进行自我测评,填写下列团队活动测评表。

团队活动测评表

测评内容	评判标准/分值	总分	自评分
体验活动情况	偿债能力指标/好/15分	15	
	偿债能力指标/一般/10分		
	偿债能力指标/较差/5分		
	盈利能力指标/好/15分	15	
	盈利能力指标/一般/10分		
	盈利能力指标/较差/5分		
	营运能力指标/好/15分	15	
	营运能力指标/一般/10分		
	营运能力指标/较差/5分		
PPT专题汇报	PPT设计制作/好/15分	15	
	PPT设计制作/一般/10分		
	PPT设计制作/较差/5分		
	语言表达/好/15分	15	
	语言表达/一般/10分		
	语言表达/较差/5分		
合作完成质量	达到目标/好/15分	10	
	达到目标/一般/10分		
	达到目标/较差/5分		
团队协作精神	互助精神/好/10分	10	
	互助精神/一般/6分		
	互助精神/较差/2分		
计　分			

指导教师评价表

评价项目	评价内容	评价意见
体验活动	公司设立;组织架构设计;岗位设置;岗位职责描述;团队协作精神;合作完成质量	
PPT 专题汇报	PPT 设计;PPT 制作;文字描述;语言表达;总结	

拓展训练

一、活动背景

A 智慧便利有限责任公司已经经营了两个整年,对其连续两年的报表数据进行进一步分析。

二、实训资料

A 智慧便利有限责任公司已经经营了两个整年,为了便于比较分析,A 智慧便利有限责任公司还收集了类似企业 B 智慧便利有限责任公司的相关资料。请对其连续两年的报表数据进行进一步分析。

利润表(简表)

2015 年

项　目	A 公司 2015 年金额	A 公司 2014 年金额	B 公司
一、营业收入	48 200	40 960	40 000
减:营业成本	32 170	29 850	26 000
销售费用	2 750	1 560	3 000
税金及附加	480	330	320
管理费用	5 830	4 360	6 000
财务费用	3 180	1 670	3 000
二、营业利润	3 790	3 190	1 680
加:营业外收入	180	200	4 000
减:营业外支出	710	480	1 000

续表

项　目	A公司2015年金额	A公司2014年金额	B公司
三、利润总额	3 260	2 910	4 680
减：所得税费用	815	720	1 170
四、净利润	2 445	2 190	3 510

三、实训要求

(1)计算A智慧便利有限责任公司两年营业利润、利润总额和净利润的增长速度；

(2)计算A智慧便利有限责任公司和B智慧便利有限责任公司2015年的销售利润率和销售净利率；

(3)对A智慧便利有限责任公司的盈利情况进行横向和纵向的比较与分析。

第三部分　智慧商店运营综合实训

业务背景

门店运营综合实训是从公司的设立、工作岗位的设置、市场定位、商品采购单编制、采购合同签订、收货入库、商品陈列、商品广告制作、二维码标准制作、门店晨会召开、导购促销、盘点闭店等运营环节进行。

通过上海智慧便利有限责任公司门店运营环节的实训操作，由学生组成门店运营团队，从不同的角度完成其相关的工作任务，提升学生的综合职业素质。

实训目的

通过门店运营综合实训，将专业知识理论与实践工作环境相结合，从公司设立到开业前的基本工作、营业前工作、营业中工作、营业后工作等五大模块进行模拟操作，提高学生对智慧型商店运营的综合能力，提升综合职业素养。

实训环境

上海智慧便利有限责任公司智慧商店配置了人像识别系统、智能型导览购物系统、手持智能型导览购物系统、贴有 Tag 及 QR-Code 的商品样品、销售结账付款系统与设备、进出货及库存管理系统，分成入口区域、购物区域、支付区域、休闲区域、拣货配送区域。

实训时间

本单元实训课时为 6 学时。

综合实训一　智慧便利公司设立

操作指南

一、设立智慧便利公司的工商登记

1. 公司经营范围

公司经营范围包括许可经营与一般经营。

2. 申请企业名称的预先核准

申请企业到工商局领取一张“企业(字号)名称预先核准申请表”，填写拟定公司名称，在上海工商局网上检索是否有重名，如果没有重名，就可以使用这个名称，就会核发一张“企业(字号)名称预先核准通知书”。

企业申请名称预先核准，应提交有限责任公司的全体股东或者股份有限公司的全体发起人签署的公司名称预先核准申请书，全体股东或者发起人指定代表或者共同委托代理人的证明，原国家工商行政管理总局规定要求提交的其他文件。

3. 签订房屋租赁合同

如果申请企业有自己的经营场所，就不需要租房了。如果没有经营场所，就需要租房，让房东提供房产证复印件、产权人身份证复印件，并签订租房合同，还要到税务局缴纳印花税，按年租金的千分之一的税率购买印花税，贴在房租合同的首页。

4. 制定公司章程

申请企业到上海工商局网站下载“公司章程”的样本，并根据要求和实际情况制定章程，并由所有股东签名。

5. 申领营业执照

申请企业到工商局领取公司设立登记的各种表格，包括设立登记申请表、股东(发起人)名单、董事经理监理情况、法人代表登记表、指定代表或委托代理人登记表，填好后，连同企业名称预先核准通知书、公司章程、租赁合同、房产证复印件一起交给工商局。工商局自收到申请文件和材料之日起 5 日内做出是否受理的决定，对申请文件等材料核准无误后，按其注册资本总额的 0.8‰ 收取设立登记费，并颁发企业法人营业执照。然后，凭企业法人营业执照刻制公司印章、财务专用章和法人代表印章。

二、申办组织机构代码证

申请企业领取《企业法人营业执照》后，凭其到质量技术监督局申办组织机构代码证，费用是 120 元，3 个工作日后可领取组织机构代码证。

三、办理税务登记

申请企业领取了组织机构代码证后，就可以到当地主管税务机关或指定税务登记办理处办理税务登记手续，领取税务登记证，通常需要办理国税和地税两种税务登记证。同时，向税务部门申请领购商业零售发票。如果要开增值税专业发票，还需申请一般纳税人资格，购买税控设备后方可开具。

四、开办银行基本账户

申请企业凭企业法人营业执照、组织机构代码证和税务登记证，并携带身份证、公司章、财务专用章、法人章、股东身份证原件等去银行开立基本账户。银行在收取费用后为公司设立账户，预留公司章印、财务专用章印、法人章印。

操作资料

一、上海智慧便利有限责任公司设立

申请企业名称：上海智慧便利有限责任公司

备选企业名称：上海便利有限责任公司、上海立达便利有限责任公司

拟从事的经营范围：百货、日用杂品、食品、服装、工艺品等网络、实体零售商品；代理服务

注册资本（金）：100 万元

企业类型：有限责任公司

企业住所（地址）：上海市松江区车亭公路 1788 号（邮编 201609）

投资人姓名、证照号码：方立 310106199012232816

李芳 310106199011212816

张宏 310106199101222816

投资额、投资比例：方立 40 万元 40%、李芳 30 万元 30%、张宏 30 万元 30%

电话:021－58123488;传真:021－58123489

法人代表:方立(手机 13917933321)

许可经营项目:食品零售

一般经营项目:百货、食品、服装、工艺品等网络、实体零售商品;代理服务

职工人数:10 人

纳税人识别号:NS1698728

核算方式:独立核算

从业人数:10 人

单位性质:民办非企业单位

网址:WWW.ZHBLGS.COM

适用会计制度:企业会计制度

财务负责人:李芳、电话 58332987、手机 13917933987、邮箱 SW@123sohu.com

办税人:王敏、电话 58335656、手机 13917935656、邮箱 SW@567sohu.com

二、上海智慧便利有限责任公司组织架构

总经理兼营运部经理:方立

店长兼会计:李芳

值班经理兼物流部经理:张宏

出纳员:王敏

导购员:A 伙伴

收银员:B 伙伴

理货员:C 伙伴

配送员:D 伙伴

采购员:E 伙伴

防损员:F 伙伴

操作要求

一、上海智慧便利有限责任公司设立

根据上述资料,由创业团队共同填写下列申请书和登记表,内容要正确,然后随附有关材料向松江区工商行政管理局、税务局等登记部门提交。

1. 上海智慧便利有限责任公司名称预先核准

企业名称预先核准申请书

<table>
<tr><td colspan="2">申请企业名称</td><td colspan="2"></td></tr>
<tr><td colspan="4">备选企业名称</td></tr>
<tr><td>1</td><td colspan="3"></td></tr>
<tr><td>2</td><td colspan="3"></td></tr>
<tr><td>3</td><td colspan="3"></td></tr>
<tr><td colspan="4">拟从事的经营范围(只需要填写与企业名称中的行业表述一致的主要业务项目)</td></tr>
<tr><td colspan="2">注册资本(金)</td><td colspan="2">万元 (法人企业必须填写)</td></tr>
<tr><td colspan="2">企业类型</td><td colspan="2">□公司制 □非公司制 □个人独资 □合伙</td></tr>
<tr><td colspan="2">企业住所(地址)</td><td colspan="2"></td></tr>
<tr><td colspan="4">投资人姓名或名称、证照号码、投资额和投资比(签字盖章)
年 月 日</td></tr>
</table>

2. 上海智慧便利有限责任公司提交公司设立登记申请书

公司设立登记申请书

<table>
<tr><td>名　称</td><td colspan="3"></td></tr>
<tr><td>名称预先核准通知书文号</td><td></td><td></td><td></td></tr>
<tr><td>住所</td><td></td><td></td><td></td></tr>
<tr><td>法定代表人姓名</td><td></td><td></td><td></td></tr>
<tr><td>注册资本</td><td></td><td></td><td></td></tr>
<tr><td>实收资本</td><td></td><td></td><td></td></tr>
<tr><td>经营范围</td><td colspan="3">许可经营项目:
一般经营项目:</td></tr>
<tr><td>营业期限</td><td>长期/________年</td><td>申请副本数量</td><td>个</td></tr>
<tr><td colspan="4">本公司依照《公司法》《公司登记管理条例》设立,提交材料真实有效。谨此对真实性承担责任。
法定代表人签字:
年 月 日</td></tr>
</table>

3. 上海智慧便利有限责任公司填写税务登记表

税务登记表

<table>
<tr><td>纳税人名称</td><td colspan="3"></td><td colspan="2">纳税人识别号</td><td colspan="2"></td></tr>
<tr><td>登记注册类型</td><td colspan="3"></td><td colspan="2">批准设立机构</td><td colspan="2"></td></tr>
<tr><td>组织机构代码</td><td colspan="3"></td><td colspan="2">批准设立证明或文件号</td><td colspan="2"></td></tr>
<tr><td>开业（设立）日期</td><td></td><td>生产经营期限</td><td></td><td>证照名称</td><td></td><td>证照号码</td><td></td></tr>
<tr><td rowspan="2">注册地址</td><td colspan="7">区</td></tr>
<tr><td colspan="2">行政区域码</td><td></td><td>邮政编码</td><td></td><td>联系电话</td><td></td></tr>
<tr><td rowspan="2">生产经营地址</td><td colspan="7">区</td></tr>
<tr><td colspan="2">行政区域码</td><td></td><td>邮政编码</td><td></td><td>联系电话</td><td></td></tr>
<tr><td>核算方式</td><td colspan="4">请选择对应项目打“√”
□独立核算 □非独立核算</td><td>从业人数</td><td colspan="2">______ 其中外籍人数______</td></tr>
<tr><td>单位性质</td><td colspan="7">请选择对应项目打“√”
□企业 □事业单位 □社会团体 □民办非企业单位 □其他</td></tr>
<tr><td>网址</td><td colspan="4"></td><td>国标行业</td><td colspan="2">□□ □□ □□ □□</td></tr>
<tr><td>适用会计制度</td><td colspan="7">请选择对应项目打“√”
□企业会计制度 □小企业会计制度 □金融会计制度 □行政事业单位会计制度</td></tr>
<tr><td colspan="3">经营范围</td><td colspan="5">请将法定代表人（负责人）身份证件复印件粘贴在此处</td></tr>
<tr><td rowspan="2">项目
内容
联系人</td><td rowspan="2">姓 名</td><td colspan="3">身份证件</td><td rowspan="2">固定电话</td><td rowspan="2">移动电话</td><td rowspan="2">电子邮箱</td></tr>
<tr><td>种类</td><td colspan="2">号 码</td></tr>
<tr><td>法定代表人（负责人）</td><td></td><td></td><td colspan="2"></td><td></td><td></td><td></td></tr>
<tr><td>财务负责人</td><td></td><td></td><td colspan="2"></td><td></td><td></td><td></td></tr>
<tr><td>办税人</td><td></td><td></td><td colspan="2"></td><td></td><td></td><td></td></tr>
<tr><td colspan="2">税务代理人名称</td><td colspan="3">纳税人识别号</td><td colspan="2">联系电话</td><td>电子邮箱</td></tr>
<tr><td colspan="2"></td><td colspan="3"></td><td colspan="2"></td><td></td></tr>
<tr><td colspan="2">注册资本</td><td colspan="3">金 额</td><td colspan="3">币 种</td></tr>
<tr><td colspan="2"></td><td colspan="3"></td><td colspan="3">人民币</td></tr>
<tr><td colspan="2">投资总额</td><td colspan="3">金 额</td><td colspan="3">币 种</td></tr>
<tr><td colspan="2"></td><td colspan="3"></td><td colspan="3">人民币</td></tr>
<tr><td>投资方名称</td><td>投资方证件号</td><td>证件种类</td><td>金 额</td><td>币 种</td><td>投资比例</td><td>投资方经济性质</td><td>国籍或地址</td></tr>
<tr><td></td><td></td><td></td><td></td><td></td><td></td><td></td><td></td></tr>
<tr><td>自然人投资比例</td><td></td><td colspan="2">外资投资比例</td><td></td><td colspan="2">国有投资比例</td><td></td></tr>
</table>

续表

分支机构名称	注册地址			纳税人识别号	
总机构名称			纳税人识别号		
注册地址			经营范围		
法定代表人名称		联系电话		注册地址邮政编码	
代扣代缴、代收代缴税款业务情况	代扣代缴、代收代缴税款业务内容			代扣代缴、代收代缴税种	
附报资料：					
经办人签章： ____年__月__日		法定代表人（负责人）签章： ____年__月__日		纳税人公章： ____年__月__日	

以下由税务机关填写：

纳税人所处街乡				隶属关系	
国税主管税务局		国税主管税务所（科）		是否属于国税、地税共管户	
地税主管税务局		地税主管税务所（科）			
经办人（签章）： 国税经办人：________ 地税经办人：________ 受理日期： ______年____月____日		国家税务登记机关 （税务登记专用章）： 核准日期： ______年____月____日 国税主管税务机关：		地方税务登记机关 （税务登记专用章）： 核准日期： ______年____月____日 地税主管税务机关：	
国税核发《税务登记证副本》数量：　　本　　发证日期：______年____月____日					
地税核发《税务登记证副本》数量：　　本　　发证日期：______年____月____日					

国家税务总局监制

二、上海智慧便利有限责任公司岗位职责

根据上海智慧便利有限责任公司设立的岗位制定岗位职责与任职资格。

店长岗位职责及任职资格

<table>
<tr><td>所属部门</td><td></td><td>直属上级</td><td></td></tr>
<tr><td colspan="4">岗位职责：</td></tr>
<tr><td colspan="4">任职资格：</td></tr>
</table>

值班经理岗位职责及任职资格

<table>
<tr><td>所属部门</td><td></td><td>直属上级</td><td></td></tr>
<tr><td colspan="4">岗位职责：</td></tr>
<tr><td colspan="4">任职资格：</td></tr>
</table>

导购员岗位职责及任职资格

<table>
<tr><td>所属部门</td><td></td><td>直属上级</td><td></td></tr>
<tr><td colspan="4">岗位职责：</td></tr>
<tr><td colspan="4">任职资格：</td></tr>
</table>

收银员岗位职责及任职资格

<table>
<tr><td>所属部门</td><td></td><td>直属上级</td><td>店长</td></tr>
<tr><td colspan="4">岗位职责：</td></tr>
<tr><td colspan="4">任职资格：</td></tr>
</table>

理货员岗位职责及任职资格

<table>
<tr><td>所属部门</td><td></td><td>直属上级</td><td></td></tr>
<tr><td colspan="4">岗位职责：</td></tr>
<tr><td colspan="4">任职资格：</td></tr>
</table>

防损员岗位职责及任职资格

<table>
<tr><td>所属部门</td><td></td><td>直属上级</td><td></td></tr>
<tr><td colspan="4">岗位职责：</td></tr>
<tr><td colspan="4">任职资格：</td></tr>
</table>

配送员岗位职责及任职资格

所属部门		直属上级	
岗位职责：			
任职资格：			

采购员岗位职责及任职资格

所属部门		直属上级	
岗位职责：			
任职资格：			

综合实训二　开业前基本工作

操作指南

一、上海智慧便利有限责任公司市场定位

首先，通过调研明确本店的周围市场主要有哪些同类竞争者，其做什么，做得如何，还要了解周围市场消费者需要什么，满足程度如何；其次，通过调研要明确本店具备超越竞争者优势的潜力是什么，通过努力能超越竞争者的优势有哪些方面；最后，确定本店的经营范围、经营目标和市场定位。

二、编制商品采购单

根据企业的经营目标、市场定位，明确采购的商品，包括商品的规格、品质、包装和数量。

三、签订采购合同

根据采购合同条款的内容填写商品信息、数量和金额，确定交货日期、交货地点和包装方式，注明卖方的开户行及账号，需盖章签字，否则无法律效力。

四、收货与入库

当供应商提交的货物到达时，应按照采购合同的规定进行检查，确定商品的规格、数量、包装和品质。核查无误后，打开计算机，打开网页浏览器，输入网页地址（10.11.97.100:88），开启系统，输入商店账号（lida ）和密码（lida＊＊＊），并输入验证码，点击[登入]按钮，进入系统。然后按下[新增]按钮，增加供应商，输入供货商数据后，按下[更新]按钮，储存数据。接着再按下[新增]按钮，增加进货单，点选"进货明细链接"，显示及编辑明细数据，按下[新增]按钮，增加进货商品，按下[更新]按钮，储存数据。

五、安排陈列商品出库

根据门店的经营目标和商品陈列的要求，编制商品配置表。仓库管理员根据商品配置表对品名、规格和数量的要求进行出库工作。

六、制作商品广告

1. 图片广告制作

第一步，对选定商品进行信息采集，拍摄照片，然后登录后台，打开商品管理菜单，点击[类别]，点击 [新增]按钮，添加对应的商品类别，点击[更新]按钮，完成操作；第二步，打开商品管理菜单，点击[商品]，点击[新增]按钮，添加对应的商品详细信息，选取之前新增的类别，点击[更新]按钮完成上传操作；第三步，点击商品管理菜单下[商品]，寻找新录入的商品，然后点击[数位内容]，再点击[图片]选项卡，显示已添加该商品图片界面；第四步，点击[HTML]选项卡，显示添加商品介绍文字的界面，在文本页面内输入文字简介，完成图片广告制作。

2. 视频广告制作

首先，点击[数位内容]，再点击[影片]选项卡，显示添加商品介绍的视频界面；其次，点击[影片网址]选项卡，显示介绍该商品的网络视频地址界面，通过该网络视频地址就可观看广告视频了。

七、制作二维码标签

第一步，打开电脑，打开网页，输入 10.11.97.100，进入智慧型商店网站主页界面；第二步，在“站内搜寻”框内输入新增商品的关键词，呈现该商品界面，点击[新增商品图片]，呈现该商品详细信息界面，用于扫描新增商品二维码；第三步，打开平板电脑，点击设备上的[二维码识别软件]，通过二维码识别软件扫描的新增商品二维码得到一个链接地址，将该地址予以保存；第四步，打开平板电脑上的[NFC 写入软件]，点击[NFC 写入软件]中的[地址]按钮，将该商品链接地址粘贴到软件内；第五步，将空白卡片放在平板电脑背面感应器对应位置，点击[写入 NFC 卡片]，完成二维码标签制作。

操作资料

一、上海智慧便利有限责任公司市场定位

上海智慧便利有限责任公司设在松江区叶榭镇卫生院旁。周边相关信息如下：

1. 学校

上海立达学院的师生约 6 400 人。

2. 职工

卫生院的职工约300人。

3. 居住人口

叶榭镇居民总人口6万人;流动人口约1 500人。

4. 竞争对象

上海立达学院校内全家超市门店1家,教育超市门店1家,农工商超市1家,周围有10家杂货店。

二、采购合同签订

根据下列表中所采购的化妆品与合同相关信息,和浙江宁波化妆品有限公司签订采购合同。

序　号	商品名称与规格	单　位	采购数量	单价(元)
1	天然洗手乳	瓶	98	45.00
2	餐具清洁乳	瓶	100	40.00
3	蔬果清洁乳	瓶	100	40.00
4	客卧专用喷喷乐	瓶	100	33.00
5	厨房专用喷喷乐	瓶	100	33.00
6	天然洗洁粉	盒	100	76.00
7	食物净化解毒粉	瓶	97	80.00
8	茶树洁净洗发露	瓶	99	69.00
9	玫瑰净妍洁面露	瓶	100	58.00
10	兰香护肤沐浴露	瓶	50	69.00
11	孔雀开屏	枚	50	60.00
12	天马行空	枚	49	60.00
13	幸运天使	枚	50	40.00
14	太阳神	枚	48	40.00
15	QQ猫	枚	50	40.00
16	礼仪之手	枚	50	60.00
17	一帆风顺	枚	50	40.00
18	钻石蜥蜴	枚	50	60.00
19	希望圣诞树	枚	50	60.00

续表

序　号	商品名称与规格	单　位	采购数量	单价(元)
20	欢乐圣诞靴	枚	50	60.00
21	阿妈黑豆酱油	瓶	49	40.00
22	柚子酱油	瓶	49	40.00
23	柚子酱油膏	瓶	50	40.00
24	柚子醋	瓶	49	80.00
25	梅子醋	瓶	50	80.00
26	树梅醋	瓶	48	80.00
27	毕业服文科大号	件	9	10.00
28	富捷电锅煮	台	10	40.00
29	女士韩服长款黄色	件	10	15.00
30	SUA 吐膝忍裤	条	10	51.20
31	JDB BRAND 束脚裤	条	10	299.00
32	万圣节三件套	套	10	30.00
33	YEAST 反战冲锋衣	件	10	588.00
34	VANS 休闲鞋	双	10	499.00
35	消脂茶	包	50	20.00
36	青草茶	包	48	20.00
37	酸梅汤	包	50	20.00
38	陈皮柠檬	包	50	34.00
39	新立强	瓶	45	200.00
40	欧立舒喉糖	包	49	20.00
41	益健茶	包	50	120.00
42	窈窕玫瑰茶	盒	50	196.00
43	天然杨桃干	包	50	34.00
44	草本香柠芦荟胶囊	盒	50	336.00
45	短款抹胸礼服	件	10	15.00
46	长款粉色礼服	件	10	15.00

续表

序　号	商品名称与规格	单　位	采购数量	单价(元)
47	民国女生服——女	件	10	10.00
48	慕滋肉松饼	包	6	1.00
49	小明同款男士西装	件	10	15.00
50	中山装(黑/白)	件	10	15.00
51	外贸圆点毛绒棉拖鞋	双	10	13.80
52	丽芝士纳宝帝威化饼干 58g	包	10	2.50
53	印尼喜达原味拌面	包	10	3.80
54	印尼喜达辣味拌面	包	10	3.80
55	泰国养养牌香辣海鲜汤面	包	10	4.00
56	泰国养养牌酸辣虾味面	包	10	4.00
57	越南牛肉河粉	包	10	3.80
58	越南酸辣蛤蜊海鲜河粉	包	9	3.80
59	日清匹萨饼干(奶酪柠檬)	包	10	10.00
60	明治手指饼干(巧克力味)	包	10	5.00
61	明治手指饼干(牛奶味)	包	10	5.00
62	咪咪	包	10	2.00
63	农享岩烧海苔	包	9	10.00
64	零食大礼包	包	10	5.00
65	甜心麻薯	包	10	12.00
66	乐事飘香麻辣锅味 75g	包	10	6.50
67	奶嘴糖	包	10	2.00
68	酷嘴糖	包	10	2.00
69	星球杯 10 个起卖	个	10	0.10
70	迷你什锦巧克力	包	10	10.00
71	苏打汽水流星糖	包	10	15.00
72	两元三包小零食	包	10	2.00
73	康师傅红烧牛肉面	碗	10	5.00

续表

序 号	商品名称与规格	单 位	采购数量	单价(元)
74	UFO 飞碟炒面铁板牛肉风味	碗	10	6.00
75	德芙丝滑牛奶巧克力	包	10	8.00
76	薯片墨西哥鸡汁番茄味 75g	包	10	6.5
77	自然清爽黄瓜味 45g	包	10	4.00
78	自然清爽黄瓜味 75g	包	10	6.50
79	意大利香浓红烩味 75g	包	10	6.50
80	得克萨斯烧烤味 75g	包	10	6.50
81	美国经典原味 45g	包	10	4.00
82	美国经典原味 75g	包	10	6.50
83	巴西咖啡	包	47	80.00
84	瓜地马拉	包	50	80.00
85	衣索比亚	包	50	100.00
86	黄金曼巴	包	50	100.00
87	黄金曼特宁	包	48	80.00
88	尼泊尔咖啡	包	50	80.00
89	肯亚咖啡	包	50	80.00
90	义式咖啡	包	48	80.00
91	玻利维亚	包	50	80.00
92	耶加雪啡	包	50	80.00
93	广博笔记本	本	10	2.80
94	晨光彩色铅笔	盒	10	13.80
95	晨光考试涂卡笔	支	10	1.50
96	晨光 4B 橡皮	块	10	0.50
97	晨光 2B 橡皮	块	10	1.00
98	晨光修正带	个	10	4.80
99	晨光中性笔	支	10	1.00
100	晨光中性笔芯	支	10	0.50

续表

序　号	商品名称与规格	单　位	采购数量	单价(元)
101	阿萨姆奶茶	瓶	8	4.00
102	王老吉吉动力	瓶	10	3.00
103	维他500果味解酒饮料	瓶	10	4.00
104	可口可乐500ML	瓶	10	3.50
105	雪碧500ML	瓶	10	3.50
106	百岁山小瓶	瓶	10	3.00
107	百岁山大瓶	瓶	10	4.00
108	农夫山泉	瓶	10	1.50
109	怡宝	瓶	10	1.80
110	乐醋坊苹果汁饮料	瓶	10	2.50
111	乐天苏打牛奶听装250ML	瓶	10	3.80
112	蒙牛纯牛奶250ML	瓶	10	3.70
113	特仑苏纯牛奶250ML	瓶	9	6.00
114	麦斯威尔三合一原味咖啡	瓶	10	14.00
115	麦斯威尔特浓咖啡	瓶	10	20.00
116	统一冰绿茶	瓶	10	3.50
117	可口可乐500ML	瓶	10	71.40
118	雪碧瓶装600ML瓶装24瓶	瓶	10	71.40
119	统一爱夸矿泉水	瓶	10	3.50
120	新奇士西柚味汽水380ML	瓶	10	3.00
121	克罗心毯子	张	10	180.00
122	GOC IN C保暖熊	台	10	400.00
123	康师傅矿泉水550ML	瓶	10	1.50
124	农夫山泉380ML	瓶	10	1.50
125	雪碧1.25L	瓶	10	6.50
126	洁润湿巾	包	10	6.00
127	洁云抽纸200抽1包	包	10	4.00

续表

序　号	商品名称与规格	单　位	采购数量	单价(元)
128	洁云圈圈手帕纸 1 包	包	9	1.00
129	洁云印花抽纸包装	包	10	5.00
130	清风抽纸	包	10	4.00
131	双船厕纸	包	10	8.00
132	珍爱湿巾	包	10	5.00
133	舒洁印花抽纸	包	10	6.00
134	清风清香型手帕纸 10 包装	包	10	5.00
135	清风卷筒纸 3 层 240 段	包	10	20.00
136	五月花纸手帕	包	10	1.00
137	樱桃小丸子湿巾 5 片	包	9	3.00

供应商:浙江宁波化妆品有限公司
地　址:浙江省宁波市中山路 900 号
通　讯:电话 0574－3696011;传真 0574－3696022
联系人:李平
合同号:YM070531
开户行:宁波市工商银行中山支行
账　号:CGS06223311

三、进货入库操作

入库商品明细表

商品编号	商品名称与规格	单　位	采购数量	单价(元)
0018	天然洗手乳	瓶	98	45.00
0025	餐具清洁乳	瓶	100	40.00
0032	蔬果清洁乳	瓶	100	40.00
1022	客卧专用喷喷乐	瓶	100	33.00
1046	厨房专用喷喷乐	瓶	100	33.00
5013	天然洗洁粉	盒	100	76.00
5020	食物净化解毒粉	瓶	97	80.00

续表

商品编号	商品名称与规格	单　位	采购数量	单价(元)
6010	茶树洁净洗发露	瓶	99	69.00
6027	玫瑰净妍洁面露	瓶	100	58.00
6041	兰香护肤沐浴露	瓶	50	69.00
BR—0111	孔雀开屏	枚	50	60.00
BR—0112	天马行空	枚	49	60.00
BR—0113	幸运天使	枚	50	40.00
BR—0114	太阳神	枚	48	40.00
BR—0115	QQ 猫	枚	50	40.00
BR—0116	礼仪之手	枚	50	60.00
BR—0117	一帆风顺	枚	50	40.00
BR—0118	钻石蜥蜴	枚	50	60.00
BR—0119	希望圣诞树	枚	50	60.00
BR—0120	欢乐圣诞靴	枚	50	60.00
DO—01	阿妈黑豆酱油	瓶	49	40.00
DO—02	柚子酱油	瓶	49	40.00
DO—03	柚子酱油膏	瓶	50	40.00
DO—04	柚子醋	瓶	49	80.00
DO—05	梅子醋	瓶	50	80.00
DO—06	树梅醋	瓶	48	80.00
FBYWL01	毕业服文科大号	件	9	10.00
FJDGZY	富捷电锅煮	台	10	40.00
FZHFCH01	女士韩服长款黄色	件	10	15.00
FZKZNX01	SUA 吐膝忍裤	条	10	51.20
FZKZNX02	JDB BRAND 束脚裤	条	10	299.00
FZWSJ03	万圣节三件套	套	10	30.00
FZWTNX01	YEAST 反战冲锋衣	件	10	588.00
FZXZNX01	VANS 休闲鞋	双	10	499.00

续表

商品编号	商品名称与规格	单　位	采购数量	单价(元)
LD－0001	消脂茶	包	50	20.00
LD－0002	青草茶	包	48	20.00
LD－0003	酸梅汤	包	50	20.00
LD－0004	陈皮柠檬	包	50	34.00
LD－0007	新立强	瓶	45	200.00
LD－0008	欧立舒喉糖	包	49	20.00
LD－0009	益健茶	包	50	120.00
LD－0011	窈窕玫瑰茶	盒	50	196.00
LD－0017	天然杨桃干	包	50	34.00
LD－0020	草本香柠芦荟胶囊	盒	50	336.00
LFDKMX01	短款抹胸礼服	件	10	15.00
LWCKF01	长款粉色礼服	件	10	15.00
MGNS	民国女生服——女	件	10	10.00
MZRSBY	慕滋肉松饼	包	6	1.00
NSXZ01	小明同款男士西装	件	10	15.00
NSZS01	中山装(黑/白)	件	10	15.00
RYMTYD	外贸圆点毛绒棉拖鞋	双	10	13.80
SPBGLZS－01	丽芝士纳宝帝威化饼干 58g	包	10	2.50
SPFBMJK－01	印尼喜达原味拌面	包	10	3.80
SPFBMJK－02	印尼喜达辣味拌面	包	10	3.80
SPFBMJK－03	泰国养养牌香辣海鲜汤面	包	10	4.00
SPFBMJK－04	泰国养养牌酸辣虾味面	包	10	4.00
SPFBMJK－05	越南牛肉河粉	包	10	3.80
SPFBMJK－06	越南酸辣蛤蜊海鲜河粉	包	9	3.80
SPLSBG－07	日清匹萨饼干(奶酪柠檬)	包	10	10.00
SPLSBG－08	明治手指饼干(巧克力味)	包	10	5.00
SPLSBG－09	明治手指饼干(牛奶味)	包	10	5.00

续表

商品编号	商品名称与规格	单　位	采购数量	单价(元)
SPLSCG—33	咪咪	包	10	2.00
SPLSHT—01	农享岩烧海苔	包	9	10.00
SPLSLB—01	零食大礼包	包	10	5.00
SPLSMS—01	甜心麻薯	包	10	12.00
SPLSSP—26	乐事飘香麻辣锅味 75g	包	10	6.50
SPLSTG—08	奶嘴糖	包	10	2.00
SPLSTG—09	酷嘴糖	包	10	2.00
SPLSTG—10	星球杯 10 个起卖	个	10	0.10
SPLSTG—11	迷你什锦巧克力	包	10	10.00
SPLSTG—12	苏打汽水流星糖	包	10	15.00
SPLSZH—11	两元三包小零食	包	10	2.00
SPPMKSF—03	康师傅红烧牛肉面	碗	10	5.00
SPPMRQ—02	UFO 飞碟炒面铁板牛肉风味	碗	10	6.00
SPQKLDF—02	德芙丝滑牛奶巧克力	包	10	8.00
SPSJSP—45	薯片墨西哥鸡汁番茄味 75g	包	10	6.5
SPSPHG—01	自然清爽黄瓜味 45g	包	10	4.00
SPSPHG—02	自然清爽黄瓜味 75g	包	10	6.50
SPSPHH—01	意大利香浓红烩味 75g	包	10	6.50
SPSPSK—01	得克萨斯烧烤味 75g	包	10	6.50
SPSPYW—01	美国经典原味 45g	包	10	4.00
SPSPYW—02	美国经典原味 75g	包	10	6.50
SW—01	巴西咖啡	包	47	80.00
SW—02	瓜地马拉	包	50	80.00
SW—03	衣索比亚	包	50	100.00
SW—04	黄金曼巴	包	50	100.00
SW—05	黄金曼特宁	包	48	80.00
SW—06	尼泊尔咖啡	包	50	80.00

续表

商品编号	商品名称与规格	单 位	采购数量	单价(元)
SW—07	肯亚咖啡	包	50	80.00
SW—08	义式咖啡	包	48	80.00
SW—09	玻利维亚	包	50	80.00
SW—10	耶加雪啡	包	50	80.00
WJBJBGB	广博笔记本	本	10	2.80
WJCSQBCG	晨光彩色铅笔	盒	10	13.80
WJTKBCG	晨光考试涂卡笔	支	10	1.50
WJXPCG4B	晨光 4B 橡皮	块	10	0.50
WJXPG2B	晨光 2B 橡皮	块	10	1.00
WJXZDCG	晨光修正带	个	10	4.80
WJZXBCG	晨光中性笔	支	10	1.00
WJZXBXCG	晨光中性笔芯	支	10	0.50
YLASMN03	阿萨姆奶茶	瓶	8	4.00
YLGNJGL01	王老吉吉动力	瓶	10	3.00
YLJJGZ—01	维他 500 果味解酒饮料	瓶	10	4.00
YLKKKL01	可口可乐 500ML	瓶	10	3.50
YLKKXB02	雪碧 500ML	瓶	10	3.50
YLKSBS01	百岁山小瓶	瓶	10	3.00
YLKSBS02	百岁山大瓶	瓶	10	4.00
YLKSNF	农夫山泉	瓶	10	1.50
YLKSYB	怡宝	瓶	10	1.80
YLLCFPGZ—01	乐醋坊苹果汁饮料	瓶	10	2.50
YLLTNN08	乐天苏打牛奶听装 250ML	瓶	10	3.80
YLNNMN—01	蒙牛纯牛奶 250ML	瓶	10	3.70
YLNNTL—01	特仑苏纯牛奶 250ML	瓶	9	6.00
YLSRKF—01	麦斯威尔三合一原味咖啡	瓶	10	14.00
YLSRKF—04	麦斯威尔特浓咖啡	瓶	10	20.00

续表

商品编号	商品名称与规格	单位	采购数量	单价(元)
YLTBLC07	统一冰绿茶	瓶	10	3.50
YLTSKO10	可口可乐 500ML	瓶	10	71.40
YLTSXB11	雪碧瓶装 600ML 瓶装 24 瓶	瓶	10	71.40
YLTYAK04	统一爱夸矿泉水	瓶	10	3.50
YLXQSXY-01	新奇士西柚味汽水 380ML	瓶	10	3.00
YPMTKL01	克罗心毯子	张	10	180.00
YPNDBN01	GOC IN C 保暖熊	台	10	400.00
YPSLKS-01	康师傅矿泉水 550ML	瓶	10	1.50
YPSLNF-04	农夫山泉 380ML	瓶	10	1.50
YPTSXB02	雪碧 1.25L	瓶	10	6.50
ZPJRSJ01	洁润湿巾	包	10	6.00
ZPJYCZ09	洁云抽纸 200 抽 1 包	包	10	4.00
ZPJYQQ05	洁云圈圈手帕纸 1 包	包	9	1.00
ZPJYYHCZ02	洁云印花抽纸包装	包	10	5.00
ZPQFCZ01	清风抽纸	包	10	4.00
ZPSCCZ12	双船厕纸	包	10	8.00
ZPSJ01	珍爱湿巾	包	10	5.00
ZPSJYHCZ01	舒洁印花抽纸	包	10	6.00
ZPSPQF-01	清风清香型手帕纸 10 包装	包	10	5.00
ZPSPWDM02	清风卷筒纸 3 层 240 段	包	10	20.00
ZPWYH01	五月花纸手帕	包	10	1.00
ZPYTWZ07	樱桃小丸子湿巾 5 片	包	9	3.00

四、陈列商品出库操作

1. 百货商品明细表

商品编号	商品名称	规格	数量/单位
0018	天然洗手乳	550g	1/支

续表

商品编号	商品名称	规　格	数量/单位
0025	餐具清洁乳	550g	1/支
0032	蔬果清洁乳	550g	1/支
1022	客卧专用喷喷乐	250g	1/瓶
1046	厨房专用喷喷乐	250g	1/瓶
5013	天然洗洁粉	550g	1/袋
5020	食物净化解毒粉	550g	1/袋
6010	茶树洁净洗发露	250g	1/瓶
6027	玫瑰净妍洁面露	250g	1/瓶
6041	兰香护肤沐浴露	250g	1/瓶
ZPJYCZ09	洁云抽纸	200 抽	1/包
ZPJYQQ05	洁云圈圈手帕纸		1/包
ZPJYYHCZ02	洁云印花抽纸	200 抽	1/包
ZPQFCZ01	清风抽纸	200 抽	1/包
ZPSCCZ12	双船厕纸		1/包
ZPSJ01	珍爱湿巾		1/包
ZPSJYHCZ01	舒洁印花抽纸	200 抽	1/包
ZPSPQF－01	清风清香型手帕纸		1/包
ZPSPWDM02	清风卷筒纸	240 段	1/筒
ZPWYH01	五月花纸手帕		1/包
ZPYTWZ07	樱桃小丸子湿巾	5 片	1/包
ZPJRSJ01	洁润湿巾		1/包
YPMTKL01	克罗心毯子		1/条
YPNDBN01	GOC IN C 保暖熊		1/台

2. 食品商品明细表

商品编号	商品名称	规　格	数量/单位
SPFBMJK－04	泰国养养牌酸辣虾味面	350g	1/包

续表

商品编号	商品名称	规　格	数量/单位
SPFBMJK—05	越南牛肉河粉	65g	1/包
SPBGLZS—01	丽芝士纳宝帝威化饼干	58g	1/包
SPFBMJK—01	印尼喜达原味拌面	350g	1/袋
SPFBMJK—02	印尼喜达辣味拌面	350g	1/袋
SPFBMJK—03	泰国养养牌香辣海鲜汤面	350g	1/袋
SPFBMJK—04	泰国养养牌酸辣虾味面	350g	1/袋
SPLSBG—07	日清披萨饼干(奶酪柠檬)	58g	1/包
SPLSBG—08	明治手指饼干(巧克力味)	58g	1/包
SPLSBG—09	明治手指饼干(牛奶味)	58g	1/包
SPLSCG—33	咪咪	100g	1/袋
SPLSHT—01	农享岩烧海苔	100g	1/袋
SPLSLB—01	零食大礼包	500g	1/袋
SPLSMS—01	甜心麻薯	100g	1/袋
SPLSSP—26	乐事飘香麻辣锅味	75g	1/袋
SPLSTG—08	奶嘴糖	75g	1/包
SPLSTG—09	酷嘴糖	75g	1/包

3. 饮料商品明细表

商品编号	商品名称	规　格	数量/单位
LD—0001	消脂茶	100g	1/包
LD—0002	青草茶	100g	1/包
LD—0003	酸梅汤	100g	1/包
LD—0004	陈皮柠檬	100g	1/包
LD—0009	益健茶	100g	1/包
LD—0011	窈窕玫瑰茶	100g	1/包
LD—0017	天然杨桃干	100g	1/包
LD—0020	草本香柠芦荟胶囊	100g	1/包

续表

商品编号	商品名称	规　格	数量/单位
SW－01	巴西咖啡	100g	1/包
SW－06	尼泊尔咖啡	100g	1/包
SW－07	肯亚咖啡	100g	1/包
SW－08	义式咖啡	100g	1/包
SW－09	玻利维亚	100g	1/包
SW－10	耶加雪啡	100g	1/包
YLASMN03	阿萨姆奶茶	250ML	1/罐
YLGNJGL01	王老吉吉动力	250ML	1/罐
YLJJGZ－01	维他 500 果味解酒饮料	250ML	1/罐
YLKKKL01	可口可乐	500ML	1/瓶
YLKKXB02	雪碧	500ML	1/瓶
YLKSBS01	百岁山	250ML	1/瓶
YLKSBS02	百岁山	500ML	1/瓶
YLKSNF	农夫山泉	500ML	1/瓶
YLKSYB	怡宝	250ML	1/罐
YLLCFPGZ－01	乐醋坊苹果汁饮料	500ML	1/瓶
YLLTNN08	乐天苏打牛奶	250ML	1/罐
YLNNMN－01	蒙牛纯牛奶	250ML	1/瓶
YLNNTL－01	特仑苏纯牛奶	250ML	1/瓶
YLSRKF－01	麦斯威尔三合一原味咖啡	250ML	1/包
YLSRKF－04	麦斯威尔特浓咖啡	250ML	1/包
YLTBLC07	统一冰绿茶	250ML	1/包
YLTSKO10	可口可乐	500ML	1/瓶
YLTSXB11	雪碧	600ML	1/瓶
YLTYAK04	统一爱夸矿泉水	250ML	1/瓶
YLXQSXY－01	新奇士西柚味汽水	380ML	1/瓶

4. 文具商品明细表

商品编号	商品名称	规　格	数量/单位
WJBJBGB	广博笔记本	25K(140×205)	1/本
WJCSQBCG	晨光彩色铅笔	18色	1/盒
WJTKBCG	晨光考试涂卡笔	无	1/盒
WJXPCG4B	晨光橡皮	4B	1/盒
WJXPG2B	晨光橡皮	2B	1/盒
WJXZDCG	晨光修正带	无	1/盒
WJZXBCG	晨光中性笔	无	1/盒
WJZXBXCG	晨光中性笔芯	无	1/盒

5. 服饰商品明细表

商品编号	商品名称	规　格	数量/单位
LFDKMX01	短款抹胸礼服	M、L、XL	1/件
LWCKF01	长款粉色礼服	M、L、XL	1/件
MGNS	民国女生服	M、L、XL	1/件
NSXZ01	小明同款男士西装	M、L、XL	1/件
NSZS01	中山装(黑/白)	M、L、XL	1/件
FZHFCH01	女士韩服长款黄色	M、L、XL	1/件
FZKZNX01	SUA吐膝忍裤	大、中	1/条
FZKZNX02	JDB BRAND束脚裤	大、中	1/条
FZWSJ03	万圣节三件套	M、L、XL	1/套
FZWTNX01	YEAST反战冲锋衣	M、L、XL	1/件

五、商品广告制作

商品编号:MGNS
商品名称:民国女生服

六、二维码标签制作

商品编号:MGNS

商品名称:民国女生服

操作要求

一、确定上海智慧便利有限责任公司的市场定位

根据上述资料进行分析,确定上海智慧便利有限责任公司的市场定位。

二、签订采购合同

根据上述资料拟定化妆品采购合同。

上海智慧便利有限责任公司

采购合同

电话:021－58123488　　编号:__________

传真:021－58123488　　日期:__________

供应商:

请供应以下产品:

型号	品名、规格	单位	数量	单价	金额	备注
合计						

1. 交货日期:　　年　月　日以前一次交清。
2. 交货地点:
3. 包装方式:

4. 付款方式:货到交货地,经我公司验收合格后,立即付款。

5. 不合格产品处理:全部或一部分不合格时,应由卖方取回调换或退款。

6. 如因交货误期、规格不符、质量不符合要求造成本公司的损失,卖方负赔偿责任。

7. 如卖方未能按期交货,必须赔偿本公司因此蒙受的一切损失。

8. 其他:

9. 开户行: 账号:

地址: 联系电话: 传真:

联系人:

采购单位:(盖章) 供应商:(盖章)

代表签名: 代表签名:

三、商品入库操作

1. 打开网页,登入后台

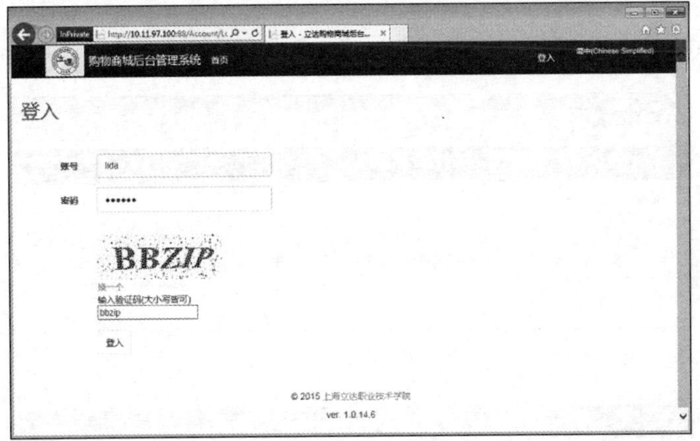

2. 新增供应商

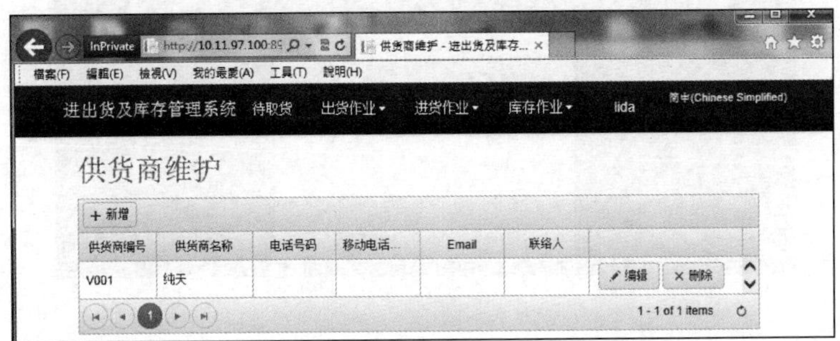

供货商维护
新增
供货商编号
供货商名称
地址
电话号码
移动电话号码
传真号码
Email
负责人
联络人
更新
取消

3. 新增进货单

进出货及库存管理系统
待取货
出货作业
进货作业
库存作业
进货单维护
新增
进货单编号
供货商名称
供货商销货单号
总金额
进货日期
进货明细
20150115001
纯天
001
300
2015-01-15
编辑
删除
1 - 1 of 1 items

进货单维护
新增
进货单编号
供货商
请选择
供货商销货单号
总金额
进货日期
更新
取消

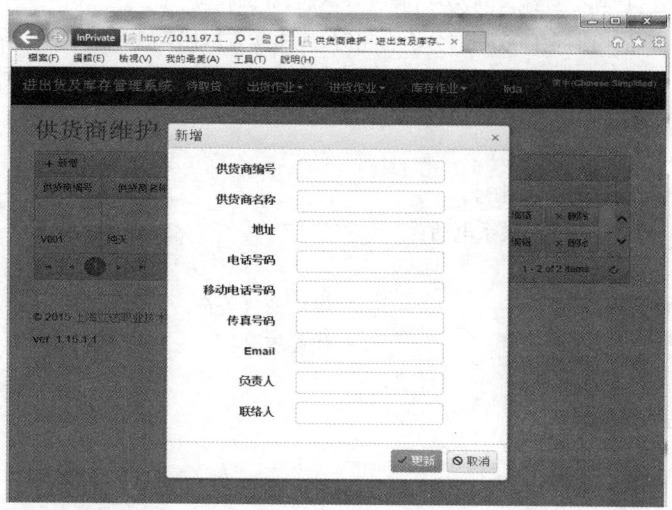

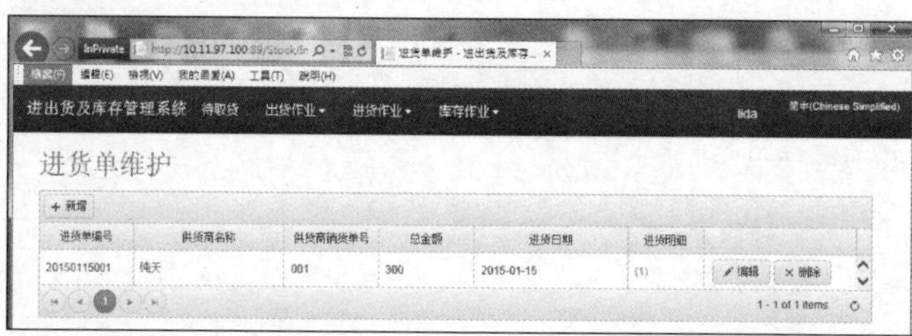

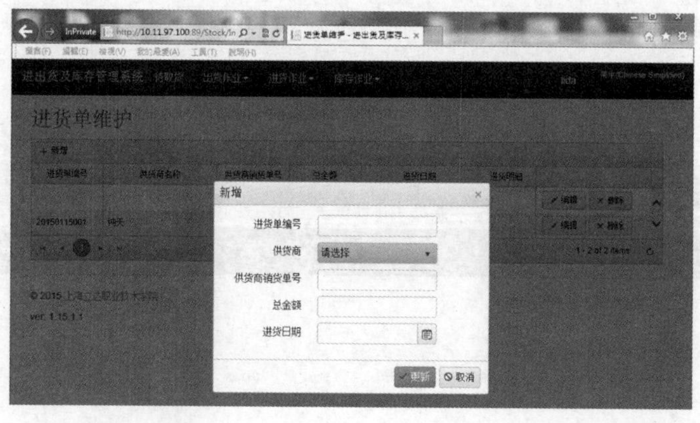

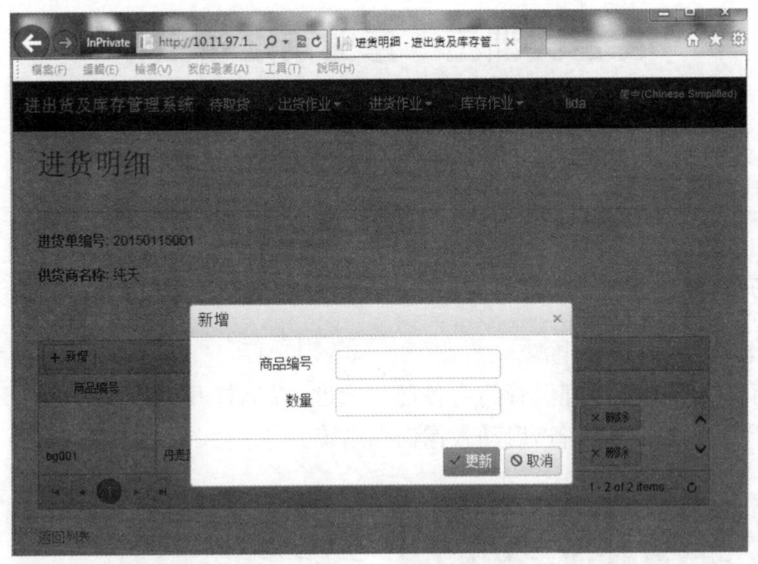

四、商品广告制作

拍摄“民国女生服”广告图片,并配上相关商品信息。

五、二维码标签制作

1. 搜寻“民国女生服”商品,点击“民国女生服”商品图片。

2.“民国女生服”商品数码信息采集
用平板电脑界面显示数码信息采集过程。
3.“民国女生服”二维码标签制作
显示二维码标签制作。

综合实训三　营业前准备工作

操作指南

一、开启智慧便利公司设备

1. 开启照明与设备电源

由店长或者值班经理保管门店各部门钥匙，提早打开门店大门。打开门店内总电源开关，开启照明设备，启动人像识别系统。

2. 打开门店各种设备

(1)开启导览购物系统

导购员签到后要及时打开导购设备电源以及导购系统，并检查设备与系统是否正常。

(2)开启收银与储值系统

收银员打开收银机与储值设备电源，开启收银系统与储值系统，并检查设备与系统是否正常运行。

二、店内清洁卫生

门店各位伙伴一起清理门店，打扫地面，擦拭货架、陈列商品、标签。

   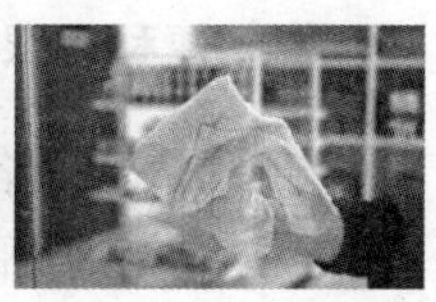

三、参加晨会

晨会的基本内容与流程主要有以下五个方面：

1. 回顾经营情况

店长将上一个工作日的销售数量等指标，与上周同期和计划的数据进行对比与分析，找出畅销与滞销的商品，分析其原因，给店员指明有效的工作方法和要求，从而提升工作效率。

2. 制定阶段目标

店长对总部下达的年度销售目标进行合理地分解，根据一年中的淡旺季、节假日等因素，一步步地分解到每月、每周、每天、每个班次和每个店员的身上，形成“人人头上有指标，千斤重担万人挑”的氛围。

3. 介绍新款或新品

店长或指定主持人通常会对本店的新款或新品进行介绍，让每个店员了解产品的货号、价格、材质、功能和特点，分析适应新款或新品的消费群体，掌握产品的特性。

4. 强调服务质量

店长或指定主持人通常在每一次晨会上都要强调服务质量的重要性，通过案例模拟或分享成功经验等形式来提高店员的服务技巧。

5. 开展娱乐活动

店长或指定主持人为了活跃晨会的气氛，通常会安排唱歌、做游戏等娱乐活动，让同仁在当日工作中保持愉快的心情和轻松的工作状态，激发其工作意愿。

操作资料

一、智慧便利有限责任公司设备启动

打开门店大门及各部门的门锁；
打开总电源及门店照明设备电源；
打开导览购物设备电源，启动该系统；
导购人员打开导购电脑与系统；
打开收银设备电源，启动该系统；
打开充值设备电源，启动该系统；
打开后台计算机电源，启动管理系统。

二、门店卫生清洁

清理门店内环境；
整理门店内货架；
擦拭门店陈列商品；
擦拭门店内各设备。

三、晨会召开

上海智慧便利有限公司召开“十一”黄金周促销动员主题晨会，具体活动内容如下：

店长：30 秒内集合完毕！ 店长：立正、向右看齐、向前看、稍息、立正
店长：智慧门店家人，大家早上好！ 店员：好！
店长：智慧门店经营作风是______ 店员：认真、快、坚守承诺、绝不找借口
店长：智慧门店经营理念是______ 店员：顾客第一、唯一的第一
店长：智慧门店经营宗旨是______ 店员：为民、便民、利民
店长：智慧的经营口号是______ 店员：我尽力、您方便、智慧就在您身边

店长:智慧门店企业精神是______ 店员:敬业奉献、永远第一
店长:智慧门店文明用语是______ 店员:请、您好、谢谢、对不起、再见
店长:智慧门店服务理念是______ 店员:真诚的服务态度、周到的服务意识、专业的服务知识、礼貌的服务技巧、一流的服务实施
店长:智慧门店家人的格言是______ 店员:以敬业的精神对待公司、以十足的勤奋对待工作、以满腔的热情对待顾客、以忠诚的态度对待领导、以坚定的信心对待自己
店长:面对家人有没有一个灿烂的微笑 店员:有 店长:精神是否是百分之百 店员:是 店长:胸牌有没有佩戴 店员:有 店长:各位做得都非常棒,掌声鼓励
店长:"十一"黄金周的销售目标是……进行动员,提问:有没有信心? 店员:有 店长:布置今天的工作 店员:提出具体工作建议
店长:行动宣言开始,请举起您的右手 店员:我是智慧门店的守护者,品质是我的生命,我将把当下的事做到极致
店长:今天早上的晨会到此结束,谢谢! 店员:拍手三下

操作要求

一、智慧便利有限责任公司设备启动

准确快速地打开各电源,启动各系统,确保门店运营。

二、门店卫生清洁

确保门店内环境、货架、陈列商品、设备的卫生与整洁。

三、晨会召开

补充完整下列第 3 至第 10 项晨会活动的内容：

序　号	晨会内容
1	店长:30 秒内集合完毕! 店长:立正、向右看齐、向前看、稍息、立正
2	店长:智慧门店家人,大家早上好! 店员:好!
3	店长:智慧门店经营作风是______ 店员:
4	店长:智慧门店经营理念是______ 店员:
5	店长:智慧门店经营宗旨是______ 店员:
6	店长:智慧的经营口号是______ 店员:
7	店长:智慧门店企业精神是______ 店员:
8	店长:智慧门店文明用语是______ 店员:
9	店长:智慧门店服务理念是______ 店员:
10	店长:智慧门店家人的格言是______ 店员:
11	店长:面对家人有没有一个灿烂的微笑 店员:有 店长:精神是否是百分之百 店员:是 店长:胸牌有没有佩戴 店员:有 店长:各位家人做得都非常棒,掌声鼓励 
12	店长:“十一”黄金周的销售目标是……进行动员,提问:有没有信心? 店员:有 店长:布置今天的工作 店员:提出具体工作建议
13	店长:行动宣言开始,请举起您的右手 店员:我是智慧门店的守护者,品质是我的生命,我将把当下的事做到极致

续表

序　号	晨会内容
14	店长:今天早上的晨会到此结束,谢谢! 店员:拍手三下

综合实训四　营业中导购与促销

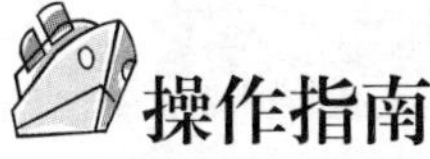

操作指南

一、导览购物系统导购

通过导览购物机浏览商品信息,选定欲购商品,观看欲购商品的介绍。消费者确定欲购商品后,点击[购物]按钮,打印购物单,生成订单号,领取订单,赴收银台付款。

二、智能手机导购

用智能手机扫描需购买商品的二维码,进入购买页面,将购买商品放入“购物车”之后进行付款。用带有 NFC 功能的手机,直接读取商品信息进行购买,到收银台使用购物卡付款。

三、交付货物

消费者持购物订单在物流区域将订单交予配送员，如果需要配送，则填写货物配送单。配送员按照订单进行拣货，发布订单号，交付消费者或配送至消费者住处。

操作资料

一、导览购物系统导购

在导览购物系统中选择商品类，购买雪碧一瓶。

二、智能手机导购

在货架陈列商品中，用智能手机对准茶叶扫描二维码。

操作要求

一、导览购物系统导购

购买雪碧一瓶。

二、智能手机导购

购买茶叶一盒。

综合实训五　营业后盘点与闭店

操作指南

一、人工循环盘点

循环盘点是在每天清点一小部分物品，一个循环周期将每种物品至少清点一次的方法。通常安排盘点组长、盘点员和复核人员，由组长将盘点清单发放给每一个盘点人员。盘点员进行盘点，复核人员进行复核，对比库存账，比较差异，分析差异原因，写出书面报告。盘点的内容主要包括数量盘点、重量盘点、货与账核对、账与账核对等内容。

二、库存管理系统盘点

打开网页，输入地址 10.11.97.1，进入进出货及库存管理系统，点击库存表，呈现库存表界面，点击[编辑]按钮，修改商品库存数据，然后按下[更新]按钮储存数据。点击[新增]按钮，增加盘点表；点击[编辑]按钮，修改盘点表；点击盘点明细链接，显示及编辑明细数据；点击[盘点完毕]按钮，结束盘点。

三、闭店

防损员在运营时间结束后，在消费者离开后检查电视监控内容，关闭门店内的一切设备及电源，打扫店内卫生。门店伙伴更换工作制服打卡离开后，关好门窗并上锁。

操作资料

一、闭店人工循环盘点

1. 库存数据

库存商品明细表

商品编号	商品名称与规格	单位	库存数量	单价(元)	备注
0018	天然洗手乳	瓶	10	45.00	1/样品
0025	餐具清洁乳	瓶	10	40.00	
0032	蔬果清洁乳	瓶	10	40.00	
1022	客卧专用喷喷乐	瓶	10	33.00	
1046	厨房专用喷喷乐	瓶	10	33.00	
5013	天然洗洁粉	盒	10	76.00	
5020	食物净化解毒粉	瓶	97	80.00	
6010	茶树洁净洗发露	瓶	99	69.00	
6027	玫瑰净妍洁面露	瓶	100	58.00	
6041	兰香护肤沐浴露	瓶	50	69.00	
BR—0111	孔雀开屏	枚	50	60.00	
BR—0112	天马行空	枚	49	60.00	
BR—0113	幸运天使	枚	50	40.00	
BR—0114	太阳神	枚	48	40.00	
BR—0115	QQ猫	枚	50	40.00	
BR—0116	礼仪之手	枚	50	60.00	
BR—0117	一帆风顺	枚	50	40.00	
BR—0118	钻石蜥蜴	枚	50	60.00	
BR—0119	希望圣诞树	枚	50	60.00	
BR—0120	欢乐圣诞靴	枚	50	60.00	
DO—01	阿妈黑豆酱油	瓶	49	40.00	
DO—02	柚子酱油	瓶	49	40.00	
DO—03	柚子酱油膏	瓶	50	40.00	
DO—04	柚子醋	瓶	49	80.00	
DO—05	梅子醋	瓶	50	80.00	
DO—06	树梅醋	瓶	48	80.00	
FBYWL01	毕业服文科大号	件	9	10.00	

续表

商品编号	商品名称与规格	单位	库存数量	单价(元)	备注
FJDGZY	富捷电锅煮	台	10	40.00	
FZHFCH01	女士韩服长款黄色	件	10	15.00	
FZKZNX01	SUA 吐膝忍裤	条	10	51.20	
FZKZNX02	JDB BRAND 束脚裤	条	10	299.00	
FZWSJ03	万圣节三件套	套	10	30.00	
FZWTNX01	YEAST 反战冲锋衣	件	10	588.00	
FZXZNX01	VANS 休闲鞋	双	10	499.00	
LD—0001	消脂茶	包	50	20.00	
LD—0002	青草茶	包	48	20.00	
LD—0003	酸梅汤	包	50	20.00	
LD—0004	陈皮柠檬	包	50	34.00	
LD—0007	新立强	瓶	45	200.00	
LD—0008	欧立舒喉糖	包	49	20.00	
LD—0009	益健茶	包	50	120.00	
LD—0011	窈窕玫瑰茶	盒	50	196.00	
LD—0017	天然杨桃干	包	50	34.00	
LD—0020	草本香柠芦荟胶囊	盒	50	336.00	
LFDKMX01	短款抹胸礼服	件	10	15.00	
LWCKF01	长款粉色礼服	件	10	15.00	
MGNS	民国女生服——女	件	10	10.00	
MZRSBY	慕滋肉松饼	包	6	1.00	
NSXZ01	小明同款男士西装	件	10	15.00	
NSZS01	中山装(黑/白)	件	10	15.00	
RYMTYD	外贸圆点毛绒棉拖鞋	双	10	13.80	
SPBGLZS—01	丽芝士纳宝帝威化饼干 58g	包	10	2.50	
SPFBMJK—01	印尼喜达原味拌面	包	10	3.80	
SPFBMJK—02	印尼喜达辣味拌面	包	10	3.80	

续表

商品编号	商品名称与规格	单位	库存数量	单价(元)	备注
SPFBMJK－03	泰国养养牌香辣海鲜汤面	包	10	4.00	
SPFBMJK－04	泰国养养牌酸辣虾味面	包	10	4.00	
SPFBMJK－05	越南牛肉河粉	包	10	3.80	
SPFBMJK－06	越南酸辣蛤蜊海鲜河粉	包	9	3.80	
SPLSBG－07	日清匹萨饼干(奶酪柠檬)	包	10	10.00	
SPLSBG－08	明治手指饼干(巧克力味)	包	10	5.00	
SPLSBG－09	明治手指饼干(牛奶味)	包	10	5.00	
SPLSCG－33	咪咪	包	10	2.00	
SPLSHT－01	农享岩烧海苔	包	9	10.00	
SPLSLB－01	零食大礼包	包	10	5.00	
SPLSMS－01	甜心麻薯	包	10	12.00	
SPLSSP－26	乐事飘香麻辣锅味 75g	包	10	6.50	
SPLSTG－08	奶嘴糖	包	10	2.00	
SPLSTG－09	酷嘴糖	包	10	2.00	
SPLSTG－10	星球杯 10 个起卖	个	10	0.10	
SPLSTG－11	迷你什锦巧克力	包	10	10.00	
SPLSTG－12	苏打汽水流星糖	包	10	15.00	
SPLSZH－11	两元三包小零食	包	10	2.00	
SPPMKSF－03	康师傅红烧牛肉面	碗	10	5.00	
SPPMRQ－02	飞碟炒面铁板牛肉风味	碗	10	6.00	
SPQKLDF－02	德芙丝滑牛奶巧克力	包	10	8.00	
SPSJSP－45	薯片墨西哥鸡汁番茄味 75g	包	10	6.5	
SPSPHG－01	自然清爽黄瓜味 45g	包	10	4.00	
SPSPHG－02	自然清爽黄瓜味 75g	包	10	6.50	
SPSPHH－01	意大利香浓红烩味 75g	包	10	6.50	
SPSPSK－01	得克萨斯烧烤味 75g	包	10	6.50	
SPSPYW－01	美国经典原味 45g	包	10	4.00	

续表

商品编号	商品名称与规格	单位	库存数量	单价(元)	备注
SPSPYW－02	美国经典原味 75g	包	10	6.50	
SW－01	巴西咖啡	包	47	80.00	
SW－02	瓜地马拉	包	50	80.00	
SW－03	衣索比亚	包	50	100.00	
SW－04	黄金曼巴	包	50	100.00	
SW－05	黄金曼特宁	包	48	80.00	
SW－06	尼泊尔咖啡	包	50	80.00	
SW－07	肯亚咖啡	包	50	80.00	
SW－08	义式咖啡	包	48	80.00	
SW－09	玻利维亚	包	50	80.00	
SW－10	耶加雪啡	包	50	80.00	
WJBJBGB	广博笔记本	本	10	2.80	
WJCSQBCG	晨光彩色铅笔	盒	10	13.80	
WJTKBCG	晨光考试涂卡笔	支	10	1.50	
WJXPCG4B	晨光 4B 橡皮	块	10	0.50	
WJXPG2B	晨光 2B 橡皮	块	10	1.00	
WJXZDCG	晨光修正带	个	10	4.80	
WJZXBCG	晨光中性笔	支	10	1.00	
WJZXBXCG	晨光中性笔芯	支	10	0.50	
YLASMN03	阿萨姆奶茶	瓶	8	4.00	
YLGNJGL01	王老吉吉动力	瓶	10	3.00	
YLJJGZ－01	维他 500 果味解酒饮料	瓶	10	4.00	
YLKKKL01	可口可乐 500ML	瓶	10	3.50	
YLKKXB02	雪碧 500ML	瓶	10	3.50	
YLKSBS01	百岁山小瓶	瓶	10	3.00	
YLKSBS02	百岁山大瓶	瓶	10	4.00	
YLKSNF	农夫山泉	瓶	10	1.50	

续表

商品编号	商品名称与规格	单位	库存数量	单价(元)	备注
YLKSYB	怡宝	瓶	10	1.80	
YLLCFPGZ-01	乐醋坊苹果汁饮料	瓶	10	2.50	
YLLTNN08	乐天苏打牛奶听装 250ML	瓶	10	3.80	
YLNNMN－01	蒙牛纯牛奶 250ML	瓶	10	3.70	
YLNNTL－01	特仑苏纯牛奶 250ML	瓶	9	6.00	
YLSRKF－01	麦斯威尔三合一原味咖啡	瓶	10	14.00	
YLSRKF－04	麦斯威尔特浓咖啡	瓶	10	20.00	
YLTBLC07	统一冰绿茶	瓶	10	3.50	
YLTSKO10	可口可乐 500ML	瓶	10	71.40	
YLTSXB11	雪碧瓶装 600ML 瓶装 24 瓶	瓶	10	71.40	
YLTYAK04	统一爱夸矿泉水	瓶	10	3.50	
YLXQSXY-01	新奇士西柚味汽水 380ml	瓶	10	3.00	
YPMTKL01	克罗心毯子	张	10	180.00	
YPNDBN01	GOC IN C 保暖熊	台	10	400.00	
YPSLKS－01	康师傅矿泉水 550ML	瓶	10	1.50	
YPSLNF－04	农夫山泉 380ML	瓶	10	1.50	
YPTSXB02	雪碧 1.25L	瓶	10	6.50	
ZPJRSJ01	洁润湿巾	包	10	6.00	
ZPJYCZ09	洁云抽纸 200 抽 1 包	包	10	4.00	
ZPJYQQ05	洁云圈圈手帕纸 1 包	包	9	1.00	
ZPJYYHCZ02	洁云印花抽纸包装	包	10	5.00	
ZPQFCZ01	清风抽纸	包	10	4.00	
ZPSCCZ12	双船厕纸	包	10	8.00	
ZPSJ01	珍爱湿巾	包	10	5.00	
ZPSJYHCZ01	舒洁印花抽纸	包	10	6.00	
ZPSPQF－01	清风清香型手帕纸 10 包装	包	10	5.00	
ZPSPWDM02	清风卷筒纸 3 层 240 段	包	10	20.00	

续表

商品编号	商品名称与规格	单位	库存数量	单价(元)	备注
ZPWYH01	五月花纸手帕	包	10	1.00	
ZPYTWZ07	樱桃小丸子湿巾 5 片	包	9	3.00	

2. 销售数据

百货商品日报表

序号	商品编号	商品名称	规格	销售数量
1	0018	天然洗手乳	550g	2/支
2	0025	餐具清洁乳	550g	2/支
3	0032	蔬果清洁乳	550g	3/支
4	1022	客卧专用喷喷乐	250g	3/支
5	1046	厨房专用喷喷乐	250g	3/支
6	5013	天然洗洁粉	550g	4/袋
7	5020	食物净化解毒粉	550g	4/袋
8	6010	茶树洁净洗发露	250g	2/支
9	6027	玫瑰净妍洁面露	250g	2/支
10	6041	兰香护肤沐浴露	250g	2/支
11	ZPJYCZ09	洁云抽纸	200 抽	4/包
12	ZPJYQQ05	洁云圈圈手帕纸		4/包
13	ZPJYYHCZ02	洁云印花抽纸	200 抽	5/包
14	ZPQFCZ01	清风抽纸	200 抽	4/包
15	ZPSCCZ12	双船厕纸		2/包
16	ZPSJ01	珍爱湿巾		3/包
17	ZPSJYHCZ01	舒洁印花抽纸	200 抽	4/包
18	ZPSPQF－01	清风清香型手帕纸		1/包
19	ZPSPWDM02	清风卷筒纸	240 段	1/筒
20	ZPWYH01	五月花纸手帕		1/包
21	ZPYTWZ07	樱桃小丸子湿巾	5 片	1/包

续表

序号	商品编号	商品名称	规格	销售数量
22	ZPJRSJ01	洁润湿巾		4/包
23	YPMTKL01	克罗心毯子		1/条
24	YPNDBN01	GOC IN C 保暖熊		1/台

食品商品日报表

商品编号	商品名称	规格	销售数量
SPFBMJK—04	泰国养养牌酸辣虾味面	350g	10/包
SPFBMJK—05	越南牛肉河粉	65g	5/包
SPBGLZS—01	丽芝士纳宝帝威化饼干	58g	6/包
SPFBMJK—01	印尼喜达原味拌面	350g	5/袋
SPFBMJK—02	印尼喜达辣味拌面	350g	6/袋
SPFBMJK—03	泰国养养牌香辣海鲜汤面	350g	4/袋
SPFBMJK—04	泰国养养牌酸辣虾味面	350g	3/袋
SPLSBG—07	日清匹萨饼干(奶酪柠檬)	58g	6/包
SPLSBG—08	明治手指饼干(巧克力味)	58g	2/包
SPLSBG—09	明治手指饼干(牛奶味)	58g	33/包
SPLSCG—33	咪咪	100g	4/袋
SPLSHT—01	农享岩烧海苔	100g	6/袋
SPLSLB—01	零食大礼包	500g	1/袋
SPLSMS—01	甜心麻薯	100g	10/袋
SPLSSP—26	乐事飘香麻辣锅味	75g	8/袋
SPLSTG—08	奶嘴糖	75g	5/包
SPLSTG—09	酷嘴糖	75g	2/包

饮料商品日报表

商品编号	商品名称	规格	销售数量
LD—0001	消脂茶	100g	1/包
LD—0002	青草茶	100g	1/包

续表

商品编号	商品名称	规格	销售数量
LD—0003	酸梅汤	100g	1/包
LD—0004	陈皮柠檬	100g	1/包
LD—0009	益健茶	100g	1/包
LD—0011	窈窕玫瑰茶	100g	1/包
LD—0017	天然杨桃干	100g	1/包
LD—0020	草本香柠芦荟胶囊	100g	1/包
SW—01	巴西咖啡	100g	4/包
SW—06	尼泊尔咖啡	100g	3/包
SW—07	肯亚咖啡	100g	3/包
SW—08	义式咖啡	100g	2/包
SW—09	玻利维亚	100g	1/包
SW—10	耶加雪啡	100g	1/包
YLASMN03	阿萨姆奶茶	250ML	4/罐
YLGNJGL01	王老吉吉动力	250ML	6/罐
YLJJGZ—01	维他 500 果味解酒饮料	250ML	4/罐
YLKKKL01	可口可乐	500ML	4/瓶
YLKKXB02	雪碧	500ML	3/瓶
YLKSBS01	百岁山	250ML	1/瓶
YLKSBS02	百岁山	500ML	1/瓶
YLKSNF	农夫山泉	500ML	4/瓶
YLKSYB	怡宝	250ML	2/罐
YLLCFPGZ—01	乐醋坊苹果汁饮料	500ML	1/瓶
YLLTNN08	乐天苏打牛奶	250ML	2/罐
YLNNMN—01	蒙牛纯牛奶	250ML	3/瓶
YLNNTL—01	特仑苏纯牛奶	250ML	2/瓶
YLSRKF—01	麦斯威尔三合一原味咖啡	250ML	1/包
YLSRKF—04	麦斯威尔特浓咖啡	250ML	1/包

续表

商品编号	商品名称	规格	销售数量
YLTBLC07	统一冰绿茶	250ML	5/包
YLTSKO10	可口可乐	500ML	3/瓶
YLTSXB11	雪碧	600ML	2/瓶
YLTYAK04	统一爱夸矿泉水	250ML	1/瓶
YLXQSXY－01	新奇士西柚味汽水	380ML	1/瓶

文具商品日报表

商品编号	商品名称	规格	销售数量
WJBJBGB	广博笔记本	25K(140＊205)	2/本
WJCSQBCG	晨光彩色铅笔	18 色	4/盒
WJTKBCG	晨光考试涂卡笔	无	2/盒
WJXPCG4B	晨光橡皮	4B	2/盒
WJXPG2B	晨光橡皮	2B	2/盒
WJXZDCG	晨光修正带	无	1/盒
WJZXBCG	晨光中性笔	无	1/盒
WJZXBXCG	晨光中性笔芯	无	1/盒

服饰商品日报表

商品编号	商品名称	规格	销售数量
LFDKMX01	短款抹胸礼服	M、L、XL	1/件
LWCKF01	长款粉色礼服	M、L、XL	1/件
MGNS	民国女生服	M、L、XL	1/件
NSXZ01	小明同款男士西装	M、L、XL	1/件
NSZS01	中山装(黑/白)	M、L、XL	1/件
FZHFCH01	女士韩服长款黄色	M、L、XL	1/件
FZKZNX01	SUA 吐膝忍裤	大、中	1/条
FZKZNX02	JDB BRAND 束脚裤	大、中	1/条
FZWSJ03	万圣节三件套	M、L、XL	1/套
FZWTNX01	YEAST 反战冲锋衣	M、L、XL	1/件

3. 盘点表

库存盘点表

盘点日期： 编号:ZH2016001

序号	商品编号	商品名称	规格型号	账面		实际盘点		盘盈亏	
				数量	单价	数量	单价	数量	金额
合　计									

盘点组长： 盘点员： 复核人员：

二、闭店库存管理系统盘点

1. 点击[新增]按钮，在下列盘点表内输入编号：

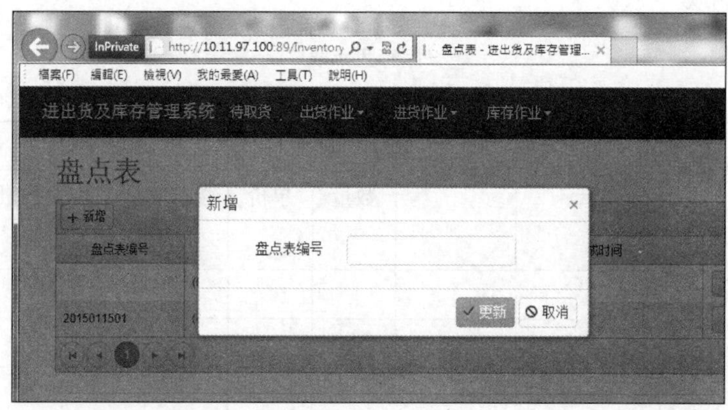

2. 点击“盘点明细”链接，显示下列界面：

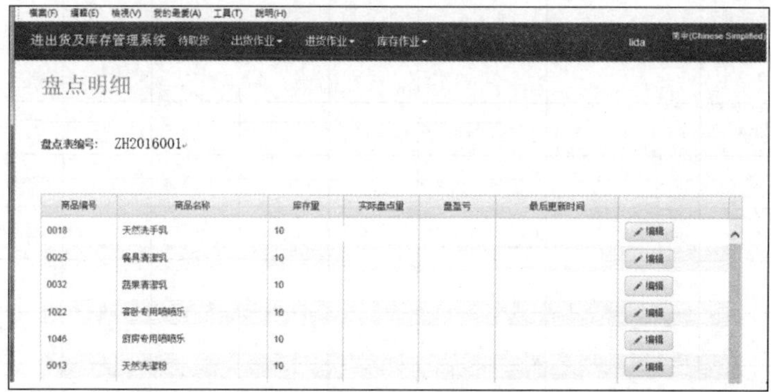

3. 点击[编辑]按钮，出现下列界面：

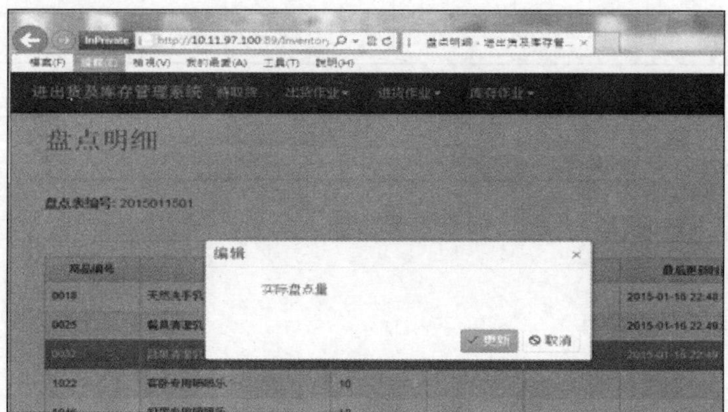

4. 点击[更新]按钮,完成盘点。

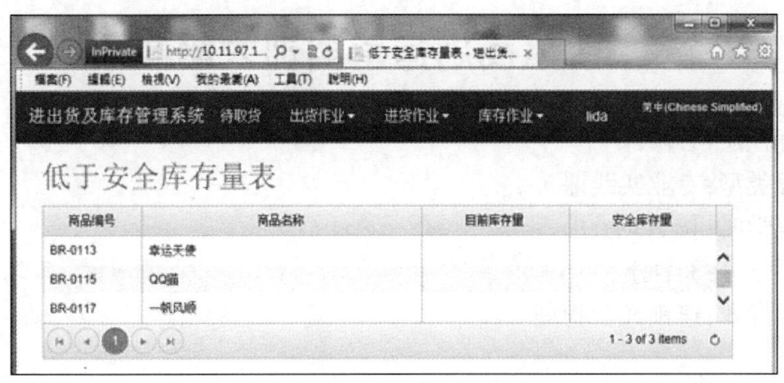

三、闭店卫生安全检查工作

运营时间结束后打扫店内卫生,关闭门店内的一切设备及电源,关好门窗并上锁。

操作要求

一、闭店人工循环盘点

根据库存数据、销售数据进行盘点,将相关数据填入库存盘点表。

二、闭店库存管理系统盘点

根据库存数据、销售数据进行盘点,将相关数据填入库存管理系统中的盘点表。

三、闭店卫生安全检查工作

认真打扫店内卫生,关闭门店内所有设备及电源,关好门窗并上锁,保证卫生安全。

智慧商店运营实训大纲

课程性质:必修课
课程类型:专业实践课
课程学时:48 课时
课程学分:3 学分
适用专业:连锁经营管理

一、课程性质

"智慧商店运营实训"是连锁经营管理专业实践课程,先修课程是"连锁门店店员操作实务""连锁门店店长管理实务"和"网络市场营销"。

二、课程目标

通过"智慧商店运营实训"的实践教学,学生可以了解门店的组织架构及人员配置,熟悉市场定位与经营战略的知识,掌握商品采购与进货作业、出库作业与商品陈列、商品广告与二维码标签、导购服务与门店促销、门店购物与收银、商品配送与库存管理、门店防损与安全管理的要求、方法和操作,具备智慧型商店运营管理与操作技能,提升学生的职业综合素质。

三、课程内容与要求

实训一,公司设立与组织架构。了解组织架构设计的基本原则,熟悉组织架构设计的基本要求,明确直线型的组织架构的主要作用,掌握人员配置的基本能力。

实训二,市场定位与经营战略。了解连锁门店市场定位的步骤,熟悉连锁门店经营战略的主要内容,明确市场定位的主要作用,掌握市场定位的基本方法。

实训三,商品采购与进货作业。了解商品采购方式,熟悉进货作业流程,明确商品采购原则的基本作用,掌握商品采购与进货作业的基本能力。

实训四,出库作业与商品陈列。了解商品出库作业流程,熟悉商品陈列的基本原则和要求,明确商品陈列的主要作用,掌握商品陈列的基本能力。

实训五,商品广告与二维码标签。了解商品广告制作的基本流程,熟悉二维码标签制作的基本程序,明确商品广告的基本作用,掌握商品广告与二维码标签的制作技能。

实训六,导购服务与门店促销。了解导购员工作的主要内容,熟悉会员管理系统的操作方法,明确会员管理的基本作用,掌握商品促销与会员管理的基本能力。

实训七,门店购物与收银方式。了解门店线上线下购物的过程,熟悉收银机的操作流程与方法,明确电子钱包支付方式的基本作用,掌握现金、信用卡、电子钱包支付的操作技能。

实训八,商品配送与库存管理。了解商品配送与送货的区别,熟悉拣货的方式,明确库存管理的基本作用,掌握库存管理的基本技能。

实训九,门店防损与安全管理。了解防损员岗位的基本职责,熟悉防损员的工作内容与工作要求,明确防损员工作的主要作用,掌握防损员工作的相关知识与技能。

实训十,报表编制与经营分析。了解财务报表的含义,熟悉财务报表的构成,明确财务报表的主要作用,掌握财务报表的编制方法与要求。

四、学分与课时分配

"智慧商店运营实训"课程为3个学分,总时数计48课时。每个实训单元的课时数分配、实训组织形式及过程规定如下:

实训单元	实训内容	课时	实训形式及评价
实训一	公司设立与组织架构	3	若干创业团队/业务导入、任务驱动、体验活动、角色扮演、自评互评
实训二	市场定位与经营战略	3	若干创业团队/业务导入、任务驱动、体验活动、角色扮演、自评互评
实训三	商品采购与进货作业	5	若干创业团队/业务导入、任务驱动、体验活动、角色扮演、自评互评
实训四	出库作业与商品陈列	5	若干创业团队/业务导入、任务驱动、体验活动、角色扮演、自评互评
实训五	商品广告与二维码标签	5	若干创业团队/业务导入、任务驱动、体验活动、角色扮演、自评互评
实训六	导购服务与门店促销	3	若干创业团队/业务导入、任务驱动、体验活动、角色扮演、自评互评
实训七	门店购物与收银方式	5	若干创业团队/业务导入、任务驱动、体验活动、角色扮演、自评互评
实训八	商品配送与库存管理	5	若干创业团队/业务导入、任务驱动、体验活动、角色扮演、自评互评
实训九	门店防损与安全管理	3	若干创业团队/业务导入、任务驱动、体验活动、角色扮演、自评互评

续表

实训单元	实训内容	课时	实训形式及评价
实训十	报表编制与经营分析	3	若干创业团队/业务导入、任务驱动、体验活动、角色扮演、自评互评
综合实训	智慧商店运营综合实训	8	若干创业团队/业务导入、任务驱动、角色扮演、自评互评,专项综合实训报告

五、实训条件

1.智慧商店实训室

智慧商店实训室配置了人像识别系统、智能型导览购物系统、手持智能型导览购物系统、贴有 Tag 及 QR-Code 的商品样品、销售结账付款系统与设备、进出货及库存管理系统,分成入口区域、购物区域、支付区域、休闲区域、拣货配送区域。

2.现代网店实训室

现代网店实训室分为商务洽谈室、多媒体摄制室、网络营销室,配置了一体打印机、照相机、摄像机、摄制设备、计算机,可与供应商洽谈业务,摄制各种商品图片,制作视频商品故事,进行网络销售等。

六、评价方式

"智慧商店运营实训"课程的评价方式与传统的评价内容和评价形式有较大的区别,将过程评价与结果评价相结合,将指导教师评价与学生评价相结合。评价形式采用百分制,计 100 分。其比例分配:出勤率占全部成绩的 10%,操作准确度占全部成绩的 40%,项目汇报效果占全部成绩的 30%,综合实训占全部成绩的 20%。指导教师可根据不同的实训内容进行微调,尽量能客观地反映学生的综合素质。

七、教学建议

1. 采用模拟公司的组织形式,根据门店的岗位设置店长、导购员、理货员、收银员、防损员等,根据不同的项目进行分工,相互配合,协同完成。
2. 根据不同实训项目的教学内容,可对规定的课时进行相应的调整。
3. 采用过程评价与结果评价相结合,将指导教师评价与学生评价相结合。

八、教材与参考资料

1. 教材

《智慧商店运营实训》,童宏祥担任主编。

2. 主要教学参考书

《连锁经营管理实务》，童宏祥主编；《店长管理实务》，童宏祥主编；《店员操作实务》，童宏祥主编。

3. 主要教学网络资源

中国连锁经营协会 www. ccfa. org. cn；中国连锁经营实战网 www. flyhorses. com；连锁之家 http://www. chainus. com. cn；中国餐饮连锁经营网 www. cylsjy. com. cn；上海连锁经营协会 www. scea. org. cn 等。